AF363319

# ROLES TÓXICOS

# ROLES TÓXICOS

Vence tu Cruzada Emocional

## ANA MARÍA JUAN AMAT

Un profundo conocimiento sobre la psicología de la comunicación. Herramientas poderosas para el desapego emocional y para ser un comunicador funcional

**VOLUMEN 3 DE LA TRILOGÍA FORTALEZA ESPIRITUAL**

Roles Tóxicos: Vence tu Cruzada Emocional
Primera edición: abril de 2019
® Ana de Juan Coaching y Mentoring
Autoedición y Diseño: Ana María Juan Amat
44769025P
ISBN: 978-84-09-08462-3
anadejuancoach@gmail.com
Fotografía: Paco Jareño Zafra
Impreso en España

# ROLES TÓXICOS

## VENCE TU CRUZADA EMOCIONAL

# ANA MARÍA JUAN AMAT

"EL DOLOR QUE SOPORTA UN SER HUMANO ES
DIRECTAMENTE PROPORCIONAL AL TAMAÑO DE SU
ESPÍRITU"

Ana de Juan

# AGRADECIMIENTOS

A mis ancestros, por dejarme este legado.

A mi familia, por su apoyo incondicional.

A mis parejas, por ser mis maestros.

A mi descendencia, porque será la luz que guíe mi camino.

A mis amigos, por ser afortunada, tengo muchos y buenos.

A mis enemigos, gracias a vosotros soy más fuerte.

A las personas con las que alguna vez he tenido contacto en la tierra, son mis compañeros de viaje y aprendizaje.

A todas mis vivencias y circunstancias, gracias a ellas soy quien soy hoy.

A las personas que me han visto, a las que yo no he sabido ver y a las que no me han sabido ver a mí. Gracias, lo siento, perdón.

A mí misma, a mi carácter y fortaleza interior, a mi SER por ayudarme a construirme en persona, por guiarme aun sin ser consciente de ello.

A mis clientes, consultantes y coachees, a mi público, porque sin ellos nada de esto tiene sentido.

Al conjunto de circunstancias que orquestaron la creación de esta obra.

A mis maestros y alumnos porque gracias a ellos continúo con los pies en la tierra y las alas en el cielo.

# ÍNDICE


**1.** INTRODUCCIÓN. . . . . . . . . . . . . . . . . . . . . . . . . . . 15

**2.** ¿PARA QUÉ DISCUTES? ROLES
DISFUNCIONALES EN LA COMUNICACIÓN . . . . . . . . . . . . 21

**3.** EL JUEGO DEL EGO EN LAS RELACIONES . . . . . . . . . . 83

**4.** LA LLAVE DE LA COMUNICACIÓN
FUNCIONAL, LA ASERTIVIDAD. . . . . . . . . . . . . . . . . . 117

    4.1 Herramientas, estrategias
    y derechos asertivos. . . . . . . . . . . . . . . . . . . . . . . 128

    4.2 Proceso práctico de comunicación
    asertiva, el ego a tu servicio . . . . . . . . . . . . . . . . . 149

**5.** DESCUBRIENDO NUEVOS
HORIZONTES COMUNICATIVOS . . . . . . . . . . . . . . . . . 163

**6.** LO QUE TE DICES SOBRE TI,
¿TE AYUDA O TE SABOTEA? . . . . . . . . . . . . . . . . . . 169

**7.** TRASCIENDE LA PSICOLOGÍA DEL ROL:
COMUNICACIÓN CONSCIENTE VS MENTE EGOICA. . . . 181

**8.** EL PODER DE LA GRATITUD PARA
EL ÉXITO Y EL PROGRESO PERSONAL . . . . . . . . . . . . 217

**9.** LOS PILARES DEL CRECIMIENTO Y LA
PROSPERIDAD: LA TIERRA FIRME Y SEGURA. . . . . . . . 231

**10.** UNA HERRAMIENTA INFALIBLE:
TU ARBOLITO INTERIOR. . . . . . . . . . . . . . . . . . . . . 269

# I. INTRODUCCIÓN

De la comunicación se desvela el pensamiento, con tus palabras dañas o construyes, te delatas y te expones. Las palabras son auténticas armas de sanación para el diestro que sabe usarlas. Las relaciones tienen su fundamentación en la comunicación; el lenguaje no verbal, el verbal, el gesto, la pose, el contexto, todo eso conforma las relaciones, sean tóxicas o no.

*"El hombre es dueño de sus silencios y esclavo de sus palabras"*

**Aristóteles**

Vencer tu cruzada emocional es vencer tu discurso interior, trascender tu comunicación intrapersonal. Puedes trascender tus relaciones tóxicas y tienes el derecho de hacerlo. La capacidad para hacerlo correctamente ya depende de ti y de tus inquietudes en aprender a hacerlo. Pero si estás leyendo este libro, sé que tus inquietudes vibran en tu interior, eres una persona con ganas de aprender, que no se rinde ante la adversidad y la indiferencia. Sé que eres un luchador de la vida, que has sufrido en algunas ocasiones con personas que no merecían la pena.

Con esta trilogía te reto a crecer, es un tributo a tu espíritu que te ofrece auténticos tesoros para subir tu nivel de conciencia. Dejar ir es el mayor reto que vas a encontrar en tu camino, soltar relaciones que ya no te sirven, a personas que te dañan, que son tóxicas para ti.

Los roles tóxicos no los tienen otros únicamente, sino que pueden ser algo en lo que estás inmerso siendo partícipe, aún sin ser consciente. Tú mismo puedes estar ejerciendo un rol tóxico de manera inconsciente. De hecho, si te sientes intoxicado por otra persona, de alguna manera tu rol también es disfuncional pues se lo estás permitiendo sea como fuere. Conocerte bien te ayuda a darte cuenta; este libro tiene como objetivo ayudarte a que alcances esa toma de conciencia.

Cuando se tienen heridas profundas, la indefensión aprendida opera en la conducta estableciendo brechas en la forma de relacionarse, viéndose manifestadas en el tipo de comunicación que se utiliza, también operando a través de los vínculos relacionales y afectivos.

Si, por cualquier motivo, has tirado la toalla con ese familiar o ese amigo, lee detenidamente este libro antes de tomar cualquier decisión. Necesitas tener mayor nivel de autoconocimiento, saber si estás teniendo una conducta disfuncional de manera inconsciente. Conocer a fondo la psicología que se haya detrás de cada rol comunicativo es tener ventaja como comunicador.

Hay veces que tienes tanto dolor grabado en tu cuerpo que no sabes ni siquiera lo que sientes de verdad. Todo esto no importa, sólo lee lo que escribo a continuación y deja que tu alma te vaya dando respuestas.

El mecanismo de indefensión aprendida lleva parejo un mecanismo emocional de desamparo, creando de manera inconsciente relaciones disfuncionales contigo mismo, con los demás y con el entorno. No sólo aparecen conductas pasivas o victimistas, sino agresivas, desde las cuales se hace imposible la comunión sana de información entre las partes.

Soy consciente de que quieres salir ya de ese mecanismo. Debes saber que eso implica crecer y, al igual que a un niño pequeño le duelen los huesos cuando crece, a un adulto con relaciones disfuncionales le duele trascender sus heridas.

La terapeuta americana Virginia Satir es una celebridad en el mundo de la terapia sistémica familiar y de relaciones. Investigadora científica con una amplísima trayectoria en el campo de las relaciones, ofrece luz a las diversas operativas disfuncionales que tenemos cuando nos relacionamos desde un lugar separado de nuestro YO Esencial. Paralelamente, el autor Stephen Karpman[1], ofrece luz a los triángulos dramáticos en los cuales entramos en ocasiones.

En este libro incluyo una completa recopilación de contenidos que dan respuesta a muchas de las preguntas que has ido haciéndote a lo largo de tu vida:

-¿Cómo puedo comunicarme mejor con mis seres queridos?

-¿Qué estoy haciendo mal?

-¿De qué manera puedo conseguir que mejore nuestra relación?

-¿Qué significa saber comunicarme bien conmigo mismo?

Después de leer este libro serás una persona más sabia y consciente. Confío en ti, sé que si estás leyendo estas

---

1  EDWARDS, G. El triángulo dramático de Karpman, GAIA, 2011.

páginas eres un miembro del grupo de seres humanos que ha optado por darse cuenta de las cosas, de lo que tiene delante. Te felicito porque has escogido el mejor libro que puedes leer para salir de la cárcel psicológica que genera la mente ante una relación disfuncional. Es un placer acompañarte en el camino hacia la comprensión de tu inconsciente, ábrete a aprender y a tomar la luz que te ofrece cada palabra, cada frase, cada párrafo.

Debes saber que el placer, así como el daño, se produce a través del verbo y con él se desvela el imaginario simbólico de la persona que habla. El verbo es tan importante como lo es la acción.

### *"El verbo se hizo carne"*

**Juan (1:14)**

Todo lo que acontece antes de cada acción es el pensamiento y éste tiene su fundamento en el verbo. Hagamos que la comunicación entre nuestras neuronas sea satisfactoria. Permítete aprender todo lo que esté en tu mano y pon en marcha cada ejercicio de este libro. La asertividad es la madre de todo equilibrio emocional en la comunicación. Ganar tu cruzada emocional es posible con un profundo trabajo de autoconocimiento relacional y con un compromiso personal contigo mismo y tu asertividad.

Éste es el tercer libro de la saga "Fortaleza Espiritual" y no es casualidad. Lo es porque previamente, a lo largo de los dos primeros manuscritos que componen esta saga, has podido hacer un profundo trabajo de creencias personales. Nuestras neuronas pueden llevarse bien o mal, así mismo las creencias personales estructuran los moldes de nuestra mente. Conocerse uno mismo implica conocer sus creencias y formas de pensar, sus límites y fortalezas, los segundos para mejorar y las primeras para usarlas a tu favor ante nuevos retos.

Confío en el trabajo que has realizado y en tu ya integrado aprendizaje. Confío en tu capacidad para trasformar tu vida tomando conciencia de tus límites y atravesando cualquier desafío mediante la acción.

*"Sus convicciones son capaces de atraparlo o liberarlo. Aquello de lo que están convencidos determinará lo que decidan hacer"*

**Richard Bandler**

Aquello que piensas es verbo, aquello que dices es verbo, aquello que haces es verbo. Las heridas emocionales influyen sobre el verbo, las experiencias vitales configuran el verbo, las creencias personales construyen la realidad a través del verbo.

*"Es más fácil desintegrar un átomo que una creencia"*

**Albert Einstein**

Ofrécete la oportunidad de conocer a fondo cómo se construye la mente disfuncional desde el verbo para llegar a comprender tus aspectos más oscuros y darles la vuelta para llevarlos a la luz. Date la oportunidad de crear unas raíces funcionales, sólidas que te sostengan, a las cuales puedas recurrir en cada momento que lo necesites.

En los siguientes apartados tienes auténticos tesoros para el conocimiento emocional de las relaciones. Disfrútalos y aprovéchalos en profundidad.

# 2. ¿PARA QUÉ DISCUTES? ROLES DISFUNCIONALES EN LA COMUNICACIÓN

Cuando te relaciones con otras personas, es tu psicología la que está en juego. No las palabras, ni las emociones expresadas, sino la psicología inherente en tu mente inconsciente.

En la base de toda interacción se encuentra la psicología del interlocutor y ésta se ve profundamente influenciada por las heridas emocionales que un día sufrieron su psique y su alma. Cada vez que abres la boca, el resorte que la hace actuar es tu ego, contenedor de todas las fisuras que han ido conformando tu personalidad. Tu forma de ser es el resultado del mecanismo de adaptación a la vida.

En el segundo libro de esta trilogía "Mente Despierta, Domina el Laberinto", puedes encontrar todas y cada una de las claves originarias de las heridas y fisuras que se producen en nuestra psicología desde la infancia. Recurre a él cada vez que lo necesites, además, te recomiendo que, para sacar el máximo provecho a este manuscrito, realices una lectura paralela con el primero de los libros de la trilogía titulado: "Fortaleza Espiritual. Supera tu indefensión aprendida y gana el juego de la vida". En él compruebas de plano el auténtico origen de la psicología de las relaciones, pues testas desde tu propia experiencia personal cómo tu inconsciente se va ordenando en base a la vivencia.

Como experta y autora, te transmito el mecanismo principal que subyace a la mayoría de personas que no se sienten dueñas de sus vidas y que, además, entablan relaciones disfuncionales. Recuerda estas palabras durante el resto de tu vida porque ofrecen una explicación a los anclajes tóxicos entre egos:

La operativa consiste en colocarse de manera inconsciente por debajo de los demás, faltando a la propia autorresponsabilidad y al propio autorrepeto. Ejerciendo un autoabandono en aras de un "rescate" por parte del otro, inconsciente también. Autoexcluyéndose a uno mismo de su responsabilidad, proyectando culpas, depositando el poder de decisión y de acción en el otro, llegando incluso a la autoexclusión del poder de decisión y de voluntad. Contemplando al otro como el sujeto activo que está "por encima de mí" y que debe tomar "la decisión correcta". Mientras tanto, se deposita el poder personal fuera de uno mismo esperando que el otro me dé lo que yo mismo me he quitado.

...

Ahondaremos mucho más allá conforme entremos en materia. Pero ahora lo primero es lo primero, que es conocer qué roles disfuncionales existen y de qué manera operan en sus relaciones. Para ello, contamos, entre otros, con la terapeuta norteamericana Virginia Satir[2]. En su obra expresa los cuatro roles disfuncionales

---

2  SATIR, V. "El contacto íntimo: cómo lograr una relación auténtica con uno mismo y con los demás". Neo-person, 2008.

desde los cuales nos relacionamos cuando no estamos alineados con nuestro SER.

No estar alineado con tu SER es sinónimo de estar desconectado de ti mismo. La conexión con tu parte más esencial es la brújula que te facilita una toma de decisión y de acción correcta para ti, acorde con tus auténticos sentimientos. Por supuesto que, además, es la señal inequívoca que te alertará antes de colocarte de un modo inconsciente por debajo de otra persona.

La desconexión con uno mismo es algo que se produce alrededor de los cinco años de edad; ésta se da como mecanismo de adaptación a la vida, se hace por amor a los papás y por la necesidad de ser aceptado, aprobado y reconocido. Tratándose de un período crítico, el padre refuerza o castiga la conducta del niño, dependiendo de cuál sea ésta. Cuando el niño recibe la desaprobación ante una conducta, automáticamente la corta, aprende que eso está mal, registrando que ha de dejar de realizarla para ser aprobado por papá. El niño no tiene la capacidad simbólica de discernir si el papá es justo o injusto, si es objetivo o si tiene razón. El niño lo único que quiere es ser querido y hará lo que papá le mande, sin contemplar nada más.

...

Aquí se inicia todo. Comienza a formarse la personalidad, el ego, los introyectos que inculca papá y mamá van dando forma a la forma de ver el mundo del niño, aunque éstos sean plenamente disfuncionales y tóxicos. Nadie es perfecto ni tiene la receta mágica. Todos tenemos heridas y mecanismos aprendidos que nos transmitieron en casa nuestros progenitores. A ellos les sucedió exactamente lo mismo, con lo cual dañamos desde nuestras heridas y nos dañaron desde las suyas. Todos somos víctimas de victimas en el transcurso de la educación. De nuestro crecimiento depende aprender y hacer de ello algo con lo que mejorar.

...

En la base de las decisiones y disfunciones se localiza la emoción que detona la acción. Cuando el aprendizaje es muy temprano, ni si quiera se recuerda el pensamiento, todo es emocional; de hecho, en ocasiones, puede que ni si quiera sepas por qué hiciste lo que hiciste o que ni lo entiendas. También puede darse un corte involuntario de la emoción que hayas notado pero que no sepas por qué sucede. Más abajo te lo explico.

...

Toda conducta va precedida de una emoción, de hecho la palabra "emoción" viene del latín emotio, emotionis, nombre que se deriva del verbo emovere. Tratándose de un verbo que se forma sobre moveré (mover, trasladar, impresionar) con el prefijo e-/ex-(de, desde) y significa retirar, desalojar de un sitio, hacer mover.

La emoción, por lo tanto, es moverse a la acción. La acción, por ende, es precedida de la emoción, de un movimiento generado en el plano sensorial que da lugar a una acción en la vida real. Con lo cual, es lo que mueve a la conducta.

Ahora bien, ¿Qué crees que sucederá cuando se desea evitar una acción?

...

Ante esta necesidad de inhibir una conducta, existe un mecanismo de inhibición de la emoción que la provoca. Esto es lo que hace un niño pequeño cuando está siendo castigado, por ejemplo. El adulto expresa su desaprobación; ante la necesidad de aprobación por parte del adulto, el niño aprende a inhibir la emoción que detona su "erróneo" comportamiento. Aquí radica la desconexión con uno mismo.

Alrededor de los cinco años de edad comenzamos a desconectarnos de nosotros mismos, entrando en automatismos que sólo de adultos con plena conciencia tenemos el derecho y la responsabilidad de trascender.

Por ejemplo, no es lo mismo modificar la conducta de manera consciente en la actualidad que cuando eres pequeño. Ahora puedes conocer tus emociones, así mismo puedes elegir qué hacer en ese "movimiento a la acción", es decir, puedes tomar una ruta alternativa a conciencia, aunque no se correspondan emoción y acción.

Véase por ejemplo, cada vez que reprimes un enfado o un sentimiento de tristeza porque no deseas que otro lo sepa; tomas rutas diferentes de conducta actuando con un fin consciente que tú mismo has decidido previamente y que, por lo tanto, no coincide con el auténtico estado emocional que estás sintiendo.

...

En contraposición, cuando eras pequeño hacías lo que realmente te apetecía, no actuabas, te expresabas tal cual eras. Durante el proceso en el que fuiste educado, tu necesidad de ser amado por papá y por mamá era superior a nada. Con lo cual, la modificación de la conducta se basaba en hacer lo que tus padres querían sin cuestionar una sola palabra. El sentimiento de abandono y de rechazo era tan intenso, que tu único objetivo era complacer a tus progenitores.

...

El proceso educativo es necesario, no te equivoques, lo que sucede, paralelamente, es que el niño pequeño aprende a inhibir su conducta, entendiendo que está mal hacer lo que hace y, por consiguiente, sentir lo que siente para llevarle a dicha acción.

Ésta es la operativa del mecanismo de desconexión que se da en el ser humano. Al cabo de los años, todo aquello que se enterró de manera inconsciente en ti, comienza a moverse, a intentar salir. Aquello provocó algunas fisuras emocionales en tu espíritu que de mayor intentan sanar. La forma en que lo hacen es a través de las relaciones con los demás, de nuestros aprendizajes de vida, así como del dolor.

La forma en que tus relaciones se construyen van generándose a través de esa psicología que habita en tu mente inconsciente. Dependiendo de los niveles de estima personal que cada uno tiene dentro de sí, la mente filtra desde un punto o desde otro.

¿Sientes que siempre cedes ante los demás?

...

¿Desconoces cómo hacerte de valer?

...

¿Cuándo fue la última vez que se hizo tu voluntad?

...

Dentro de nuestra mente dedicamos un espacio a nosotros mismos y a los demás. En ese espacio personal, tu mente te coloca en una posición o en otra dependiendo de cuál sea tu autopercepción, es decir, la percepción que tienes sobre ti mismo. Este concepto, además, está muy vinculado a la autoestima.

Por ejemplo, cuando una persona no se siente digna o posee una baja autoestima, su autorrespeto se ve mermado, con lo cual le es muy difícil hacerse de valer y poner límites. Difícilmente se siente conocedor de su auténtico valor y duda de sus verdaderas capacidades.

...

Si tu estima está saneada, tu sensación de valía y de poder personal hace que puedas enfrentarte a cualquier reto. Independientemente de tus verdaderas capacidades o conocimientos, de tus auténticos aprendizajes, de tus logros conseguidos, tu estima te sostiene en alto, te ayuda a crearte un espacio sagrado donde nadie tiene acceso, sólo tú. Todos debemos mantener espacios sagrados en nuestro interior para facilitarnos y asegurarnos la reordenación de la sistémica interior.

Tienes grandes dones, tu alma conoce y sabe qué ha de hacer, tu cuerpo grita lo que tu boca calla. Escúchalo, aprende a respetar todas y cada una de las señales que aparecen en ti, pues en ti se inicia el alfa y el omega de tu vida.

La autoestima es fundamental para colocar y para ordenar cada aspecto de tu vida, para situarte a ti misma en el lugar correcto. A través de una lectura de este libro bien aprovechada, puedes aprender muchos de los entresijos de la mente cuando se relaciona con los demás desde estados de baja estima o duda. También puedes aprender a hacerlo desde un lugar sano, equilibrado y ordenado. Tienes ante tus manos un manuscrito de gran valor para aprender a tener relaciones sanas y mucho más beneficiosas para ti.

El origen de todo ello es la comprensión de ti mismo, la auto-conexión, es decir, la relación contigo mismo como pilar maestro en tus relaciones con los demás.

Mi deseo es que puedas convivir en paz con tus seres queridos, que seas capaz de darte cuenta del lugar desde el que partes a la hora de comunicarte; espero y deseo de corazón que aproveches este libro con todos los recursos que en él encontrarás para poner en marcha la sanación de tus relaciones más importantes; pero, sobre todo, la relación principal que tienes en la vida: la que tienes contigo mismo.

La psicología del interlocutor marca el lenguaje, la entonación, las palabras escogidas para expresarse. Además, desvela su pensamiento sobre sí mismo y la posición en la que se sitúa frente a una situación o persona concreta.

Estoy acostumbrada a escuchar personas con grandes conocimientos, personas de gran valor que se lo niegan a sí mismas ante otras que, para ellos, tienen más estudios, más dinero, conocimientos o, incluso, "mala leche".

¿Ante quién callas porque piensas que sabe más que tú?

_______________________________________________

_______________________________________________

_______________________________________________

_______________________________________________

¿Ante quién guardas tu opinión aunque sepas que estás en lo cierto?

_______________________________________________

_______________________________________________

_______________________________________________

_______________________________________________

¿Por qué?

_______________________________________________

_______________________________________________

_______________________________________________

_______________________________________________

_______________________________________________

¿Ante quién no discutes por miedo a su reacción?

_______________________________________________

_______________________________________________

_______________________________________________

_______________________________________________

¿Conoces tu auténtico valor?, ¿Cuál es?

_______________________________________________

_______________________________________________

_______________________________________________

_______________________________________________

¿De qué manera defiendes tu opinión y posicionas tu valor en una conversación?

...

_______________________________________________

_______________________________________________

_______________________________________________

_______________________________________________

_______________________________________________

La respuesta a esta pregunta es muy importante, es fundamental que te conozcas lo suficiente como para darte cuenta de cuál es tu fuerza psicológica a la hora de hacer valer tu opinión o ejercer un poder de influencia positivo, bien sobre otras personas, bien para materializar aquello que deseas conseguir.

¿Te gustaría saber cómo hacerte de valer cuando hablas con esa persona ante la que te sientes intimidado?

...

¿Te gustaría mejorar tus habilidades de comunicación para influenciar positivamente a otras personas de tu entorno?

...

Cada día hablo con profesionales de alto nivel que se sienten intimidados por personas sólo porque tienen más "medallitas" en la solapa, sin reparar en que muchas veces les toman el pelo precisamente porque son conscientes de la influencia que ejercen ellos en los primeros.

También me encuentro con auténticos maestros de la palabra que no saben cómo gestionar sus conversaciones con los hijos o el cónyuge.

La "culpa" la tiene la emoción que favorece el enconamiento del alma. Tratamos con una emoción no sanada, generalmente inconsciente que aparece a modo de corte interior, anulando la estima así como la capacidad de expresar el poder interior.

**No tiene nada de noble hacerse pequeño ante otra persona para que ésta no se sienta intimidada por ti.**

...

**Expresar tu grandeza invita a otros a que expresen la suya.**

...

Normalmente las personas atribuyen su autoestima a causas externas o bien lo hacen en función de su fortaleza psicológica. Hay personas que apenas poseen nada pero que sienten una gran fortaleza emocional, la cual es transmitida en sus conversaciones llegando a ser percibidos como personas altamente confiables.

La valía personal no debería medirse por tus estudios, dinero o "medallitas" conseguidas. Son cosas que ofrecen autoestima pero no son el valor en sí mismo. Tu auténtico valor radica en tu interior, no en un título o en una cuenta bancaria. Esto último son consecuencias de la estima que sientes por ti mismo, es decir, son estados a los que se llega haciendo las cosas que hace una persona que se valora a sí misma. Pero no son la causa de la estima en sí misma, aunque lo parezca.

Que una persona tenga más de lo que sea que tú no significa que deba tener, precisamente, la razón en una conversación. Ni implica que le debas una reverencia agachando tu espalda como alguien que no conoce quien es de verdad.

Que una persona tenga altos niveles de fuerza psicológica y muestre ser muy convincente con un lenguaje grandilocuente lleno de sólidos argumentos, no significa que siempre tenga la verdad en su poder ni que tengas que cuestionarte a ti mismo porque "aparentemente" sea más seguro en su comunicación que tú.

Una cosa es la realidad y otra muy diferente lo que parece ser la realidad, lo cual depende del modo en que filtras todo lo percibido por tus sentidos. La forma de actuar o el modo en que tú o el otro os comunicáis es otra cosa que, a su vez, dependerá del modo en que cada uno se coloca a sí mismo en su mapa mental con respecto al otro y a la situación.

...

Tu eres un ser valioso, grande e infinito. Eres una persona capaz de ofrecer al mundo cosas positivas, tu valor es incalculable. Pero has de saberlo tú primero, nadie te lo va a decir, ni lo va a saber por ti; y, por supuesto, nadie va a ofrecerte el poder que no te das a ti mismo.

Puedes ser una persona muy válida, con grandes logros, extremadamente productiva y con éxito en cada área de tu vida pero, si no eres consciente de todo lo conseguido, si no te das el valor que tienes, si sientes que necesitas más para sentirte mejor, entonces vives desde la carencia, pudiendo estar bajo los efectos de la autoexigencia excesiva, una de las heridas del alma tratadas en el segundo libro de esta saga "Mente Despierta: Domina el Laberinto".

Trato a personas que son brillantes pero que sienten que necesitan más y que se hacen pequeñas ante un compañero, un jefe, un amigo o un familiar, sólo por una cuestión inconsciente de "obediencia"; auto-anulan su voluntad, bajan sus niveles de autoestima. Son incapaces de expresar sus auténticos sentimientos y pensamientos de manera asertiva. Saben qué sienten y de qué manera les hacen sentir pero sienten inseguridad de afirmar lo que son, es decir, no están seguros de sí es correcto sentir lo que sienten.

¿Ves la trampa psicológica?

...

Una de las bases de la falta de autoestima no es ni más ni menos que la auto-anulación de una parte de ti mismo, incluido cualquier sentimiento que anules por considerarlo "incorrecto". De algún modo lo que estás haciendo es querer excluir una parte de tu personalidad y eso no trae nada bueno.

***"Lo que niegas te somete, lo que aceptas te transforma"***

**C.G. Jung**

Integrar todos los aspectos del SER es fundamental en un proceso de desarrollo de la autoestima. Conocerse a fondo es un requisito sine qua non para saber cuáles son esos aspectos y la aceptación para la integración de los mismos.

Cuando alguien ha aceptado sus sombras se vuelve invencible porque sabe quién es, lo que quiere y a dónde va. Se acepta, deja de luchar contra lo inevitable.

***"Cuando te conoces a ti mismo eres poderoso, cuando te aceptas a ti mismo eres invencible"***

Si eres víctima del perfeccionismo, probablemente seas muy crítico contigo, tu autoestima se ve dañada a causa de la presión que ejerces sobre ti mismo. En estos casos existe la falsa creencia de que no eres suficiente. Por más que hagas no sientes que se llena el vacío; en la vida todo es mejorable. Lamentablemente la persona que vive bajo este hechizo asemeja su valía a la perfección de lo creado, sintiendo culpa mientras haya vacío. Se trata de personas con grandes logros, la mayoría brillantes, muchos de ellos adictos a la tarea, orientados en los procesos; tan altamente centrados en conseguir su objetivo que se olvidan de sí mismos.

También las veo quejándose de que han ascendido a un compañero "trepa" o con menos conocimientos en su haber intelectual. Sabedores de que tienen la razón afirman la injusticia de la que han sido víctimas.

Y tienen razón, sólo que no están contemplando todas las variables a tener en cuenta. Sobre todo cuando el ascendido es alguien que hace medianamente bien su trabajo pero tiene una sana autoestima y buenas habilidades sociales. Lejos de justificar o no el resultado, en este ejemplo se muestra una realidad que sucede a diario.

Si te sientes identificado lee despacio y toma las anotaciones que consideres necesarias, utiliza el libro como instrumento de aprendizaje, es tu herramienta fundamental en tu proceso de desarrollo personal, tanto éste como los otros dos libros de la trilogía.

Ante el ejemplo que acabamos de ver y en situaciones de consulta en las que se me presenta este tipo de casos, suelo utilizar la siguiente expresión, según el caso:

De acuerdo, tu compañero no se esfuerza tanto como tú, tampoco es tan bueno en su trabajo, incluso tú tienes más méritos para ese ascenso. Sin embargo, no es un mal trabajador, también ha conseguido logros y posee unas cualidades que le han ayudado a conseguir su ascenso.

¿Qué habilidades sociales posee tu compañero?

...

Ante esta pregunta, casi todos suelen responder de la misma manera con sarcasmo: mi compañero es un auténtico relaciones públicas, sabe muy bien cómo tratar a los demás, qué decir a cada momento y a quién, aunque yo soy mejor en el trabajo.

**La vida a veces no es tan justa como queremos pero podemos querer ser felices o seguir teniendo razón.**

Este libro es para quienes quieren ser felices en sus relaciones, aprender lo que habita detrás de la psicología del hablante, trascender sus sombras inconscientes, mejorar su comunicación, aprender estrategias para ser más hábil en sus argumentos y obtener mejores resultados en cualquier área propuesta.

Si tus relaciones no son todo lo satisfactorias que te gustaría, probablemente tu autoestima necesita sanearse; éste es un libro que te acompaña con amor, de tu deseo depende aprovecharlo para ayudarte. Tus capacidades existen y esconden grandes tesoros entre tus sombras más oscuras. Démosle luz!

Sigue leyendo porque en las siguientes líneas vas a descubrir todo un compendio de perfiles psicológicos que habitan tras esas formas de comunicarte que tantos problemas te traen.

Virginia Satir habla y define muy bien los cuatro roles comunicativos que surgen cuando nos comunicamos desde un lugar que no está alineado con nuestro interior. Ella, incluso, hace una aportación desde la sistémica a través de esculturas que desvelan cuál es el estado emocional y la posición del hablante frente al que escucha.

La autora habla de cuatro roles disfuncionales fundamentales: complaciente, perseguidor, hiperracional e irrelevante. Se trata de cuatro modos de relacionarte desde fuera de ti mismo, cuatro roles que excluyen, evaden y apartan el auténtico ser que eres en el proceso de comunicación, abriendo paso a personajes inventados a modo de defensa de un yo profundamente dañado.

Veamos cada uno de estos roles disfuncionales y recuerda que cada uno de ellos son creaciones que la mente desarrolló en un momento dado para sobrevivir, a modo de defensa. Las emociones son las causantes originarias de estas disfunciones; emociones no digeridas, daño emocional, aprendizajes de la infancia, falta de inteligencia emocional y carencias emocionales son claves para desarrollar personajes a modo de máscara de relación.

Sigue leyendo pero haz una lectura pausada, consciente, con mucha calma que te ofrezca la posibilidad de darte cuenta de lo que está sucediendo en las profundidades de tu mente y en la psicología de tus relaciones. Cada uno de los roles de los que habla la terapeuta Virginia Satir expresa diferentes formas de ser que la persona ha desarrollado para poder adaptarse al mundo según sus propias heridas emocionales.

## 1. Rol Complaciente

Uno de los roles que muestra mayor falta de poder interior. Es el primero de los que la autora habla, se trata de un rol de carácter pasivo cuyo fin último es ser amado por otra persona a toda costa, aunque sea necesario auto-anular la propia voluntad.

Rol ausente de estima y poder interior, caracterizado por la inseguridad así como por la necesidad crónica de aprobación.

Cuando una persona se relaciona desde un rol complaciente, lo hace desde la estima más dañada. Busca hacer lo que sea para ser vista por la otra persona que tiene delante. Por amor es capaz de ceder su opinión y su poder, de quebrantar sus derechos o de anular los auténticos sentimientos que tiene. Todo ello con el fin de ser aceptados por el otro.

Se produce una exclusión en lo más profundo de la persona. Desde ese estado aprende a actuar y a relacionarse con los demás; lo hace porque piensa que si es él mismo, no será aceptado por la otra persona, sentirá rechazo y dolor. Posee una autoestima dañada que le hace creer que hay algo malo dentro de sí mismo, algo que está mal en él y que tiene que ocultar. Siente que si lo conocen en profundidad lo "descubrirán", se darán cuenta de que no es digno y será sujeto de rechazo. Por eso suele evitar mostrarse tal y como es; de hecho, lleva tanto tiempo operando de esa manera que, en ocasiones, ni si quiera contacta con sus auténticos sentimientos.

El sentimiento de pertenencia opera tras este rol y lo hace en momentos diversos a lo largo de la vida. La pertenencia es una de las raíces más profundas que posee el ser humano, de hecho, para sobrevivir necesitamos sentir que pertenecemos a algo, que somos pertenecientes. Tener grupos de pertenencia es fundamental para la salud emocional del individuo. Una saludable vida social facilita que la persona pueda desarrollarse en grupo además de poderle ofrecer oportunidades que, de otro modo, no serían posibles.

Reflexiona y Piensa. ¿En qué momentos de mi vida he hablado desde un lugar emocional que no era el mío o me he anulado a mí misma por miedo al rechazo?

...

Escribe todo lo que recuerdes, momentos puntuales, conversaciones, personas, acciones concretas, etc. A veces en lo más sutil se encuentra la emoción más profunda.

Infancia:

_______________________________________________

_______________________________________________

_______________________________________________

_______________________________________________

_______________________________________________

_______________________________________________

_______________________________________________

_______________________________________________

_______________________________________________

_______________________________________________

_______________________________________________

## Adolescencia:

_______________________________________

_______________________________________

_______________________________________

_______________________________________

_______________________________________

_______________________________________

_______________________________________

_______________________________________

_______________________________________

## Madurez:

_______________________________________

_______________________________________

_______________________________________

_______________________________________

_______________________________________

_______________________________________

_______________________________________

## Adolescencia:

_______________________________________

_______________________________________

Ten en cuenta que, al igual que en los dos manuscritos anteriores "Fortaleza Espiritual" y "Mente Despierta" estás realizando ejercicios prácticos que drenan tus emociones, con lo cual puede ser que aparezca la necesidad de expresar alguna de ellas. Cada uno de esos momentos puede ser una buena oportunidad para limpiar las emociones con las que contactes. Déjalas ir, permite que aparezcan y después permítelas irse sin lucha ni arrepentimiento. Tú eres único y tus emociones también lo son; nadie puede negar lo que sientes, ni tú mismo deberías hacerlo. Puedes volver a estos ejercicios en cada momento que lo necesites a lo largo del libro. Conforme vayas aprendiendo nuevos contenidos, tu mente va a ir trayendo a la conciencia nuevas situaciones y momentos. Permítete ordenarla, tu conciencia es un espacio sagrado que se amplía conforme vas dando luz a tus sombras inconscientes.

Tómalo con calma, no fuerces, todo lo que necesitas saber vendrá a ti en el momento adecuado.

*"No es posible despertar la conciencia sin dolor. La gente es capaz de hacer cualquier cosa, por absurda que parezca, para evitar enfrentarse a su propia alma.*

*Nadie se ilumina fantaseando figuras de luz, sino haciendo consciente su propia oscuridad"*

**C.G. Jung**

El rol complaciente posee una escultura descrita por Virginia Satir como una persona agachada, de rodillas, con las manos en postura de rezo y con la vista hacia arriba, a modo de súplica hacia su interlocutor.

El daño emocional queda patente desde la posición de la escultura, donde, como hablante, te sometes a la voluntad de otro sólo porque te quiera.

Puedes hacerte una idea del perfil psicológico al que te enfrentas cuando un complaciente se acerca a ti o cuando tú deseas relacionarte desde un corte psicológico de persona complaciente.

La autora afirma que cuando nos relacionamos desde un rol complaciente, lo hacemos desconectados de nuestros auténticos sentimientos, poniendo a cualquier persona por encima de nosotros.

¿El fin?

...

La aprobación y la aceptación. Si te comportas de un modo complaciente, lo haces con un objetivo claro: complacer a la persona que tienes delante con el fin consciente, o no, de que te ame. La operativa inconsciente o cárcel mental es:

"Si hago lo que tú deseas, me aceptarás y querrás"

"Necesito conseguir tu aprobación porque yo no me la doy"

"Ámame, lo necesito encarecidamente, desconozco cómo amarme a mí mismo"

...

El vacío interior que siente una persona complaciente le priva de la fuerza suficiente y necesaria para elevar sus emociones a calibres más altos y cercanos al amor.

Piensa detenidamente si te relacionas desde un rol complaciente, si lo haces a menudo, si lo haces pero con determinadas personas, el modo en que lo haces, por qué, etc.

...

Escribe todo lo que te venga a la mente, respira profundamente y deja espacio para tu toma de conciencia. Puedes estructurarlo en "Formas complacientes a través de las que me relaciono" asociadas a "Personas a las que deseo complacer" y "Motivo por el que deseo complacerlas".

Antes de realizarlo haz un breve ejercicio de respiración y relajación. De hecho, es necesario que te tomes todo el tiempo que necesites para responder a la cuestión "Motivo por el que deseo complacerlas". Es en este apartado donde verdaderamente descubres a través de qué mecanismos opera tu mente en el intento de ser visto y aprobado por los demás.

...

"Formas complacientes a través de las que me relaciono"

_______________________________________

_______________________________________

_______________________________________

_______________________________________

_______________________________________

_______________________________________

_______________________________________

_______________________________________

_______________________________________

_______________________________________

"Personas a las que deseo complacer"

"Motivo por el que deseo complacerlas"

(Asocia el motivo a la persona volviendo a escribir el nombre de la persona junto al motivo. Te sirve para ordenar mejor tus ideas y tu toma de conciencia)

_______________________________________________

_______________________________________________

_______________________________________________

_______________________________________________

_______________________________________________

_______________________________________________

_______________________________________________

_______________________________________________

_______________________________________________

_______________________________________________

_______________________________________________

_______________________________________________

_______________________________________________

_______________________________________________

_______________________________________________

_______________________________________________

Vuelve a este apartado cada vez que lo necesites, conforme vas profundizando en tu trabajo interior, mayor será tu toma de conciencia; incluso, habrán momentos en los que vengan a tu mente nuevas situaciones que den luz a nuevos descubrimientos. No importa si no te encuentras leyendo o si te encuentras en otro lugar lejos de este manuscrito. Lleva siempre algo para anotar y, cuando vuelvas a la lectura, incluye tus escritos donde correspondan.

Puede ser que frecuentes poco a las personas con las que te relacionas desde este rol; sin embargo, en muchas ocasiones, se trata de personas con las que convives casi a diario, muy cercanas a ti. Puede tratarse de personas concretas o de un grupo de personas que, a tu criterio, poseen unas cualidades que las hacen superiores a ti. Generalmente porque les atribuyes autoridad de algún tipo. Bien porque tienen más estudios, dinero, belleza, fuerza emocional o cualquier otra cualidad con la que te compares desfavorablemente en ese momento. Recuerda que en la falta de estima se encuentra la comparación de la persona con los demás y en el mecanismo del complaciente opera una profunda desvalorización de sí mismo que le hace anularse frente a su interlocutor.

Si es tu caso, has de saber la verdad:

Cada ser humano es diferente y único, es valioso por su individualidad y características únicas. Cada ser humano nace con un don, una virtud en potencia que posee para desarrollar durante el resto de su vida. En tu mano se encuentra prestarle atención, encontrarla y construirla.

El camino para hacerlo es contactar contigo mismo, ponerte en conexión contigo. El camino es hacia dentro, no hacia fuera. Primero transitemos el paso previo para, después, dar en el blanco con el don que tienes oculto.

En la psicología del complaciente, a un nivel mental subterráneo, existe una dificultad para conectar con sus auténticos sentimientos, para verse a sí mismo; existe un profundo sentimiento de baja estima, con lo cual deposita el amor por sí mismo y su propia responsabilidad para consigo mismo en la otra persona, la que toque en cada caso.

...

Despierta!

No estás seguro de mostrar tu poder o bien sientes que no lo tienes. Crees indefectiblemente que la otra persona vale más que tú por el motivo que se le haya antojado a tu mente. La aprobación del otro es tu máximo exponente porque a ti mismo no te quieres. Ámate de una vez!

El complaciente no sólo hace lo que esperan los demás de él, sino que hace lo que él cree que esperan los demás de él, la mayoría de veces, incluso, sin preguntar y sin que se lo soliciten. Con lo cual, el desgaste de energía es harto.

La cárcel emocional a la que está sometida una persona complaciente posee unos barrotes muy gruesos. Se sienten como mulas de carga de los demás y el grado de culpabilidad al que se someten a sí mismos es altísimo.

Ningún rol existe por casualidad o porque sí. Todo perfil psicológico posee su complementario, nadie discute si no hay otro con el que discutir. Véase un caso de rol complaciente llevado al extremo donde se puede ver la historia de muchas mujeres víctimas de violencia:

Una mujer, víctima de violencia de género, ella opera desde un rol complaciente ante un marido maltratador. El rol del marido se encuadra dentro de otro de los perfiles que veremos a continuación, denominado rol perseguidor. Todo rol tiene su sentido porque existe un contrarrol, sin este perfil complementario, se caería el rol por sí mismo. El juego psicológico siempre es así, complementario.

...

Te vas a identificar en diversas ocasiones a lo largo de la lectura de este libro. Aprovecha cada rayo de luz para tomar nota de todos esos descubrimientos. Puedes aprovechar espacios para escribir como el que viene a continuación o tomar hojas en blanco para incluirlas dobladas en las páginas correspondientes.

Algunas notas sobre mis tomas de conciencia personales:

_______________________________________________

_______________________________________________

_______________________________________________

_______________________________________________

_______________________________________________

_______________________________________________

_______________________________________________

En este apartado y a lo largo de todo el libro, tienes acceso a todos los roles y contrarroles del juego psicológico de la comunicación disfuncional. Abre bien los ojos y realiza cada ejercicio para ayudarte a ti mismo, de este modo te ayudas a limpiar tus mecanismos antes de aprender e integrar el perfil psicológico del comunicador funcional.

Quiero que sepas querido lector que, si es tu caso, si te has dado cuenta de que actúas desde un rol complaciente, si te sientes impotente, es porque no ves la puerta de salida pero no porque no exista, sino porque no puedes verla. Se trata de barrotes psicológicos falsos, son ilusorios y, además, se pueden romper. En este libro tienes la llave que abre la cerradura de cada cárcel mental correspondiente a cada rol. Dispones de ella, tómala, háztelo saber. La toma de conciencia es el primer paso.

...

Antes has reflexionado sobre tu conducta con determinadas personas y el motivo por el cual te relacionabas desde ese rol complaciente. Ahora ahondemos un poco más en tu psicología, vayamos un escalón más abajo. Sigue respirando en profundidad para que tus aguas se calmen. Entra en las catacumbas y pregúntate...

Piensa y responde: ¿Qué deseo conseguir comportándome desde un rol complaciente con cada una de esas personas?

Escribe la persona y lo que deseas conseguir:

_______________________________________________

_______________________________________________

_______________________________________________

_______________________________________________

_______________________________________________

_______________________________________________

---

---

---

---

---

---

---

La toma de conciencia viene del "darse cuenta" de lo que sucede realmente, no de lo que creo que va a suceder o quiero que suceda. Por eso tienes que bajar a tierra para poder ayudarte a ti mismo, darte cuenta de lo que consigues realmente, de lo que pasa bajo tus pies.

El único modo de hacerlo es dejando de engañarte a ti mismo, por eso vas a respirar, reflexionar y responder a la cuestión auténtica: ¿Qué es lo que consigo realmente, no lo que creo o lo que quiero conseguir, sino lo que consigo de cada una de esas personas en realidad? (Escribe la persona y lo que te ofrece como respuesta real a tu conducta complaciente). Recuerda no engañarte a ti mismo.

...

---

---

---

---

---

---

---

---

---

---

---

---

---

Las tomas de conciencia en este punto son harto relevantes, muy esclarecedoras en algunos casos y duras en otros. No hay mayor revelación para una persona que darse permiso para verse a sí mismo sin tapujos ni autoengaños.

...

Tómate todo el tiempo que necesites en este punto de la lectura. Puedes ir a beber algo fresco o dar una vuelta. En caso de que desees seguir leyendo, puedes realizar la siguiente actividad sólo cuando hayas respondido honestamente a los apartados anteriores.

Si lo has hecho, tu cometido es hacerte la pregunta estrella:

Eso que deseo, eso que espero y que me encantaría que me diese la otra persona, ¿Puedo dármelo yo mismo?

...

Escribe a continuación todas esas cosas que te gustaría que te diesen y sé fiel a la realidad sobre si tienes la capacidad de dártelo. Hazlo una a una:

---

---

---

---

---

---

---

---

---

---

Y por supuesto, en caso afirmativo, vas a escribir con todo detalle el modo, no sólo en el que te puedes dar, sino en el que te vas a dar cada una de esas cosas.

¿Cómo puedo darme esas cosas que deseo?

...

Anota acciones reales y pon fecha para llevarlas a cabo:

---

---

---

———————————————————————————

———————————————————————————

———————————————————————————

———————————————————————————

———————————————————————————

———————————————————————————

———————————————————————————

———————————————————————————

———————————————————————————

Date cuenta de todo lo que has aprendido hasta ahora y sólo acabamos de comenzar. Has visto cómo opera un rol y qué consecuencias trae a tu vida esa conducta, también has tomado conciencia de qué buscas complaciendo y de si eres capaz de darte a ti mismo eso que buscas.

El juego sólo acaba de comenzar, los roles disfuncionales de la comunicación son varios y, desde ahí, puedes abrirte paso al conocimiento que te lleva a tomar conciencia de cómo es el juego psicológico de las relaciones; de hecho detrás de cada uno de los roles existe la intención de obtener algo en concreto. Sigue leyendo cada párrafo como si fuera oro, para ti es fundamental conocer a fondo todos los mecanismos.

Todo comportamiento posee una intención oculta, toda conducta posee la necesidad de obtener algún tipo de beneficio, sea el que sea. Detrás de todo proceso comunicativo existe la necesidad de conseguir algo.

...

## 2. Rol Cupabilizador

También es conocido como rol perseguidor. Los roles disfuncionales de la comunicación desde la perspectiva de Virginia Satir son cuatro. Conozcamos el segundo de ellos, el rol culpabilizador. Se trata de una figura que se limita a juzgar severamente todo lo que hacen los demás, posee un carácter rígido que se fundamenta en las pautas estrictas que posee su mente. Es un perfil que considera está en posesión de la verdad, cree que tiene la verdad absoluta, está convencido de que los demás no tienen ni idea y considera que tiene potestad para decir a los demás qué deben o no deben hacer según cada momento o situación. Es alguien que siente que está por encima de cada persona a la que juzga.

La operativa inconsciente del perseguidor es el miedo, es una persona que se mueve en absoluto control externo porque no tiene ningún autocontrol interno. Su capacidad de autorregulación es insuficiente, carente de herramientas y suele tener grandes dificultades para la contención emocional. Entre sus creencias fundamentales podríamos encontrar algunas como estas:

"Si me equivoco no existo"

"No puedo permitirme perder"

"Yo tengo la razón"

"Los demás no tienen ni idea"

"Tengo que ganar a toda costa"

Son personas que suelen acabar solas, tienen mucho miedo a fluir con la vida; el terror les paraliza. El control les hace sentir seguros, pero se trata de una falsa seguridad, pues no ejercen un control real obre su vida y mucho menos sobre la vida de los demás. Aunque ellos piensen lo contrario.

¿Eres una persona que vive en constante control?

...

_______________________________________________

¿Qué cosas son aquellas que más intentas controlar o sobre las que más intentas ejercer un control?

_______________________________________________

_______________________________________________

_______________________________________________

_______________________________________________

_______________________________________________

_______________________________________________

_______________________________________________

Vivir de este modo genera altos niveles de ansiedad en el organismo, pues el control es ilusorio. De hecho seguro que has comprobado que cuando comenzabas a controlar algo se desmoronaba por otro lado.

Detrás de una conducta de control existe un miedo profundo, generalmente a la vida. Controlar aporta una pseudoseguridad temporal, te ayuda a sentirte estable pero la ruptura de ese control te rompe en mil pedazos. Si te sientes identificado, significa que estás viviendo demasiado hacia fuera en vez de hacia dentro.

*"Si quieres controlar a otras personas, primero contrólate a ti mismo"*

**Abu Bakr**

Detrás de un perseguidor habita una persona que tiene mucho miedo al error, con lo cual suele evitar nuevas experiencias, arriesgar o emprender nuevos proyectos de vida o de negocio. Así mismo, como tiene mucho miedo a las críticas o represalias por posibles errores, no toma responsabilidad, incluso, ante algunos de sus actos. Es más, se autoengaña a sí mismo para no ver el posible error o "darle la vuelta a la tortilla" delante de otras personas.

Tiene pánico de ver se a sí mismo y, en lugar de eso, prefiere juzgar la vida de los demás, haciendo patente que él sabe lo que dice. Dejando claro que él es perfecto y que no se equivoca nunca, teniendo la respuesta perfecta ante cualquier situación. Aunque no es consciente de su operativa psicológica. Cree que es perfecto y quizá lo sea, pero en las ocasiones en las que fuese así, lo sería porque apenas se mueve, no arriesga por no cometer error. En lugar de eso, proyecta su frustración juzgando a los demás severamente.

Se trata de personas que suelen ser educadas bajo una manipulación a través de la culpa, sentimiento profundo que opera en su interior, que han normalizado y a través del cual operan porque así es el modo en el que han aprendido a funcionar. Lejos de juzgar el mecanismo, se trata de tomar las cosas tal y como son, aceptarlas para poder trascenderlas.

El asunto es que cuando se vive bajo un fuerte sentimiento de culpa, de manera inconsciente uno de impide a sí mismo avanzar, crear, arriesgar, por ese miedo atroz al error. Vive en una cárcel de barrotes amargos porque no aprende al no permitirse cometer equivocación. Su zona de confort se va acortando cada vez más porque así va acotando su mente.

Una persona que no comete errores es una persona que aprende a estar muerta en vida, que apenas se mueve. El aprendizaje implica error, están íntimamente relacionados. Si no hay error, no hay aprendizaje, por lo tanto la persona vive en la cárcel de la inmovilidad. O bien, cuando comete errores nunca los toma, o no los ve como propios y echa balones fuera culpabilizando a los demás o al mundo de sus desgracias personales.

Esa culpabilización la normaliza o la lleva al extremo. Generalmente, juzga duramente a las personas que tiene a su alrededor y, por ende, inconscientemente a sí misma.

¿Te sientes identificado con este rol?

...

Cuando te comportas desde un rol culpabilizador eres rígido e intransigente, vives en una cárcel de presión mental y psicológica, lo que provoca que presiones a los demás y a ti mismo.

Piensa algo: ¿Con qué personas te comportas de un modo culpabilizador?

_______________________________________________

_______________________________________________

_______________________________________________

_______________________________________________

_______________________________________________

¿Qué buscas con ello?, ¿Qué esperas conseguir con esa conducta? (Anota la persona y lo que deseas conseguir)

Ahora vas a anotar el nombre de la persona y lo que has conseguido en realidad.

Date cuenta de que difícilmente se consigue un buen cambio por la fuerza, más bien se consigue miedo, obediencia y sometimiento por parte de la otra persona, no un auténtico aprendizaje.

Ahora piensa en profundidad:

¿Qué otras acciones puedo llevar a cabo para obtener una respuesta positiva por parte de la otra persona?

———————————————————————————

———————————————————————————

———————————————————————————

———————————————————————————

Puede ser que te cueste responder a esta última pregunta, sobre todo si estás muy apegado al rol culpabilizador. Si te sientes identificado con este rol querido lector, tu llave de salida es la toma de conciencia de que nadie es perfecto y de que la perfección en el ser humano es una cualidad que le llevaría a deshumanizarse; pues el humano dejaría de serlo para convertirse en máquina.

Flexibiliza poco a poco, ponte pequeños retos y comienza a darte permiso para equivocarte en alguna medida. Inicialmente te sentirás extraño pero poco a poco te sentirás mucho mejor, más humano y comenzarás a abrir esa cárcel en la que un día te metiste.

...

Puede ser que no seas culpabilizador, sino el que se relaciona con uno de ellos, la persona que ejerce el contrarrol. En ese caso probablemente seas una persona complaciente; con lo cual, en primer lugar, tu trabajo es tomar conciencia de cuál es tu corte psicológico para, después, salir de tu cárcel de un modo consciente.

En el mundo de las relaciones algo que caracteriza esa complementariedad es la actitud activa y pasiva. Por ejemplo, de los dos roles que ya hemos estudiado, el culpabilizador es una persona de corte activo, mientras que el complaciente es una persona con perfil pasivo. El rol pasivo de éste se complementa con el activo, propio del culpabilizador. Es un rol más dominante que necesita dar órdenes frente al complaciente que necesita recibirlas. Cada uno tiene un modus operandi, ninguno es mejor ni peor que el otro, simplemente son diferentes. Un complaciente, generalmente, sin órdenes se pierde, no sabe qué hacer, se siente descolocado. En cambio, una persona activa se sitúa en una posición de más alerta, proactiva y resolutiva, aunque sea por la fuerza. Uno inicia el movimiento y el otro se deja llevar por él.

Confía en ti, ve poco a poco, paso a paso. Obsérvate, responde a cada una de las preguntas del libro, haz todos los ejercicios y ayúdate a ti mismo, te lo mereces. Vas a ir dándote cuenta de cuál es tu rol, de qué buscas tras cada conducta disfuncional, incluso de qué obtienen otros con su conducta. Puede ser que ejerzas diferentes roles, en la vida nada es estanco y mucho menos en lo que se refiere a relaciones. Conocerse uno mismo es la salida del bucle de la indefensión. Conforme vayas trascendiendo tu rol, independientemente de que sea pasivo o dominante, conseguirás ir distanciándote emocionalmente poco a poco del perseguidor, del complaciente o de cualquiera de los roles que aprendas en este libro y que ejerzas a cada momento. Confía en ti, date tiempo, observa, la toma de conciencia es lo primero.

...

## 3. Rol Hiperracional

Continuemos con la definición de más roles disfuncionales, vayamos ahondando en el imaginario psicológico de otros perfiles que se dan y que, en ocasiones, pasan más desapercibidos. Es el caso del tercero de los roles disfuncionales de la comunicación, llamado rol hiperracional.

Como bien afirma la palabra, se trata de personas que viven desde la mente, tanto que se encuentran desconectadas de sí mismas por miedo a perder el control. El rol hiperracional consiste en actuar de una forma propia de personas que viven desde la mente racional y analítica, son diestros a nivel intelectual, muy inteligentes y poseen una alta capacidad retórica para el lenguaje y la argumentación. Su objetivo es protegerse con la palabra y son capaces de desmontar a cualquiera verbalmente, destruir con la palabra, su único fin es ganar la partida jugando a la dialéctica. Son muy inteligentes, entre este grupo de personas se suelen encontrar intelectuales y estudiosos, personas que habitan y viven desde su razón.

Viven igual de desconectados que cualquiera de los demás roles, en este caso, utiliza su mayor arma, la palabra, para permanecer en un estado de superioridad. Puede parecer que tienen muchos conocimientos, aunque, en realidad, no siempre es así, además no poseen inteligencia emocional alguna ni dotes empáticas para relacionarse con los demás. En ocasiones, pueden llegar a ser tan diestros con el lenguaje que son capaces de transformar mentiras en verdades y ofrecer una imagen de alto nivel cultural sin tener apenas estudios. No sólo los estudiosos o intelectuales saben hacer uso del lenguaje como arma; personas sin apenas estudios son capaces de hacerlo, al igual que muchos estudiosos poseen disfunciones para comunicarse bien. Su dialéctica es atroz ofreciendo una imagen de seriedad que les hace ser percibidos con un aura digna de respetar. Se relacionan únicamente desde la mente. Poseen un ego inflado, en ocasiones con carácter altivo y soberbia, su cárcel consiste en vivir desconectados de sus emociones y auténticos sentimientos. Creen controlarlo todo pero sólo es su creencia, la realidad es que pueden alcanzar un control racional pero ninguno emocional, son analfabetos en esa área, en la humana.

...

Las consecuencias de un rol semejante quedan patentes, la desconexión emocional en el ser humano es igual a la ruptura de la brújula interior que aporta nuestro corazón. La guía interna está totalmente fragmentada, la operativa inconsciente es la siguiente:

"He de ser superior para existir, para ello he de utilizar la herramienta que mejor se me da: la comunicación, la retórica, la dialéctica"

"Soy el mejor, estoy por encima"

"Mi intelecto está por encima de la media"

"La razón es lo que importa"

"Mi autoestima depende de mis dotes de oratoria"

En el metalenguaje simbólico de este perfil se encontraría el paradigma:

"Yo valgo según mi razón, mi lenguaje ha de defender mi posición por encima de todo"

Debes darte cuenta de que una persona con esta creencia posee una muy baja autoestima, pues necesita depositarla en su triunfo lingüístico, ejerciendo una posición dominante sobre los demás, no cooperativa "junto a" o "igual a" sino "por encima de".

Se trata de auténticos maestros de la palabra, poseen un don que usan a modo de escudo. Rascando un poco más profundo, este grupo se encuentran numerosos intelectuales en busca de atención y afecto. Detrás hay un sentimiento de miedo a la soledad grande con una operativa de búsqueda de aprobación a través del lenguaje elocuente y rimbombante. El ego hace su papel a través de la boca y ese fuerte sentimiento de superioridad hace que, finalmente, se vea cumplido su mayor miedo: quedarse solos.

Son analfabetos emocionales y como tales, se sienten muy desconectados de las personas que les rodean. Así mismo, los seres queridos de este perfil afirman sentirse muy solos e incomprendidos cuando están con ellos, pues carecen de empatía.

Para saber si te encuentras dentro de este tipo de rol, responde reflexivamente a las siguientes cuestiones:

¿Te sientes comprendido?

...

_______________________________________________

¿Te sientes sólo?

...

_______________________________________________

¿Sientes que a veces tienes "salidas de humor" que los demás no comprenden?

...

_______________________________________________

Cuando tienes conversaciones con otras personas, bien sean amistosas o de tipo técnico, ¿Cómo sueles comportarte: ofreciendo tu opinión y sabiduría como más valiosa por encima del otro (tener razón) o construyes conversaciones de igual a igual aportando información a lo construido (entendimiento)?

...

---

---

---

Esta última cuestión implica un profundo ejercicio de reflexión interior. Permítete tomar todo el tiempo que necesites para ello.

Ahora veamos en qué estado se encuentra tu ego. Una persona hiperracional posee como punto débil el ser descalificado a través de la razón. Permítete entrar en profundidad dentro de tus catacumbas, en esa zona más oscura. Recuerda un momento en el que hayas tomado conciencia de que no tenías razón; estabas hablando con alguien y te diste cuenta de que estabas equivocado, cuando inicialmente creías que sí la tenías.

¿Qué sucede cuando no tienes la razón?, estructura la respuesta en "qué pienso", "qué siento" y "qué hago". Ofrécete la verdad sin juicios y la verdad te hará libre.

Reflexiona

...

---

---

---

---

---

---

---

---

---

---

---

---

---

Si eres de corte hiperracional, tu ego se siente muy bien dominando la dialéctica, se agranda, se infla más todavía cuando los demás alaban tus comentarios o te dan la razón. Pero ahora piensa algo:

¿Qué hay de tus relaciones con los demás, con las personas que te quieren y que quieres?, ¿Cómo son esas relaciones?, ¿Qué calidad humana tienen?

...

Haz un profundo ejercicio de honestidad antes de escribir:

---

---

---

---

---

---

---

---

---

---

---

---

Siente cómo son, si son de calidad, si te sientes lleno. Pregunta, incluso, cómo se sienten los demás contigo, si les llena.

Si tu toma de conciencia te ha llevado a darte cuenta de que te sientes sólo a causa de tu hiperracionalidad, piensa si te compensa que tu ego se agrande con esta operativa y si te conduce a buen puerto con tus seres más queridos. Pon la balanza y reflexiona.

¿Para qué lo hago?

...

---

---

---

---

¿Quiero seguir así?

...

---

¿Qué otras opciones tengo?, ¿Qué otras cosas puedo hacer?

...

Toma conciencia del resultado de tus relaciones, de lo enriquecedoras o ásperas que son. Hazte un favor con amor, detén a tu ego por unos minutos.

...

Si es tu caso querido lector, si te sientes identificado con este rol, tu llave maestra es la vuelta a la conexión con tu alma y con tu corazón. Tienes un bonito trabajo por delante, lo primero que tienes que saber es que tu tarea está muy alejada del trabajo intelectual; así mismo, la reconexión con tus auténticos sentimientos puede llevarte algún tiempo y varios ejercicios de meditación.

Una buena forma de ayudarte a ti mismo es realizando trabajos corporales y las suficientes sesiones de meditación como para encontrar el silencio en ti entrando en un estado de conciencia interior. De hecho, puedes aprovechar la siguiente pausa para hacer un descanso y realizar una meditación profunda. También puedes ir con tu mujer o tu marido a bailar, o con un amigo. La ruptura de la cárcel mental se hace con el cuerpo, aprovecha y haz esa actividad que tanto te gusta y hace tiempo que no practicas.

Cualquier actividad corporal te ayudará a salir de la mente, el deporte, el baile, el yoga, artes marciales, flamenco, pilates, etc. El mayor engaño que puede tener una persona en su mente es creer que es sólo cerebro, sería como creer que un coche funciona sólo por su centralita, despreciando su motor (el corazón), la carrocería (el cuerpo), las ruedas (las extremidades), así como todo el sistema que juntos conforman el movimiento (el sistema al completo). El ser humano es todo un sistema valiosísimo, con la peculiaridad de que una persona, a diferencia de un vehículo, es capaz de tomar decisiones más acertadas cuando alinea mente, cuerpo y alma.

No permitas que tu mente te aleje de los demás. Inicia un trayecto más profundo, de cercanía, mira el lado humano tan bello que tienes ahí escondido, invítalo a salir.

...

## 4. Rol Irrelevante

Una vez hayas hecho la pausa necesaria que requiere tu cuerpo, entramos en más conocimientos, el cuarto de los roles disfuncionales: el irrelevante.

Como bien dice la propia definición, el irrelevante es un personaje que vive desde un pasotismo a lo que sucede, una evasión a la realidad. Su modus operandi se construyó para sobrevivir a un mundo que le dañó en un momento dado. Posee heridas por sanar junto con las correspondientes emociones ocultas que desea seguir sepultando para evitar conectar con su dolor. Se trata de un rol escapista.

El irrelevante es uno de los personajes que más pasan desapercibidos, su máscara es la risa y el humor, escondiendo una profunda tristeza detrás de este maquillaje. Se trata de personas que son vistas como divertidas y dicharacheras, aunque la señal de su irrelevancia no se encuentra en el humor, sino en la falta de empatía cuando llega el momento de "bajar a tierra". Es un personaje cuya operativa consiste en tapar todo con un:

"No pasa nada"

"Nada es importante"

"La vida es una chorrada"

"Todo es divertido"

"Si río no ven mi tristeza ni siento dolor"

"Ríete de todo"

Se trata de personas desconectadas, como bien dice la palabra irrelevante, viven escondiendo la suciedad emocional debajo de una alfombra sonriente para adornarla con un lazo. De hecho una de sus creencias fundamentales es:

"La vida es una chorrada, mi risa sepulta mis problemas"

La operativa es similar a la del avestruz cuando esconde su cabeza bajo tierra, aunque el irrelevante, en vez de esconder la cabeza, hace chistes. Éstos sustituyen a modo simbólico la cabeza bajo tierra del animal como efecto evasivo de sus emociones ocultas.

De los cuatro roles, éste es el más inconsciente de todos, el que más distanciado está de la sanación, no porque sea más complejo, sino porque cuando alguien maquilla su realidad con humor, la hace bonita, llevadera, agradable, aunque viva en el mismísimo infierno. No es lo mismo tapar el dolor con odio que con humor, no es igual desconectarse desde la razón que desde el jolgorio. El personaje no es el mismo, con lo cual tampoco las consecuencias.

Cuando una persona maquilla su realidad con humor, se dedica a cubrir el dolor con colorines, por lo que la toma de conciencia se aleja. Despertar del sueño supone conciencia y, como decía Jung, ésta no es posible despertarla sin dolor. El humor del irrelevante condona ficticiamente el dolor de sus heridas. No se curan, sino que se tapan. El golpe ha de ser tan fuerte, tan intenso, lo suficientemente profundo para que le ayude a despertar. Este personaje necesita una buena dosis de dolor para conectar con todo lo que se ha dedicado a tapar durante años.

...

Se auto-engaña con un mecanismo de buenrollismo y buen humor, poniendo buena cara aunque se esté muriendo por dentro. El que acompaña en la comunicación al irrelevante se siente difícilmente comprendido. Si tienes un buen amigo o un familiar irrelevante y has intentado contarle un problema, habrás tomado conciencia de que evita conectar con tu dolor, ofreciendo guiños humorísticos o cambios de tema que te hacen sentir mal, no escuchado, entendido ni sostenido.

El irrelevante no se sostiene a sí mismo, está desconectado de sus sentimientos, con lo cual, difícilmente conectará con los tuyos. No porque no quiera, sino porque no puede. Al igual que los demás roles, no vive con los pies sobre la tierra, su desconexión le aleja de la realidad que tiene delante.

Cuando alguien es irrelevante con un acontecimiento o con los sentimientos de las otras personas, también lo es consigo mismo. El irrelevante obvia sus auténticos sentimientos, además, le cuesta comprometerse consigo mismo y con sus proyectos. Suele no tenerse en cuenta, le cuesta ponerse en su sitio ofreciendo risas y disculpas ante personas que, incluso, a veces le faltan al respeto.

Cuando una persona no está conectada consigo misma, se le pierde información por el camino. La desconexión interior desorienta sus emociones y su capacidad para ver las emociones de los demás, las acciones de los demás, incluso las agresiones sutiles de los demás. No es fácil caminar por la vida con una brújula disfuncional. Lo primero de todo es arreglar esa brújula.

...

Haz una profunda reflexión y responde:

¿De qué manera estás en contacto con tus propios sentimientos?

Puedes hacer una profunda reflexión caminando por cada una de las áreas de tu vida. Coge una a una: trabajo, pareja, finanzas, ocio, hijos, familia, salud, deporte, etc… y cierra tus ojos, ve relajándote cada vez más, profundiza en cada trocito de tu vida navegando sobre tus sentimientos y emociones.

Se trata de un ejercicio de toma de contacto, sólo es necesario conectar con ese área y dejarte sentir. A continuación sólo tienes que escribir el nombre del área y tus sentimientos, nada más.

...

_______________________________________________

_______________________________________________

_______________________________________________

_______________________________________________

_______________________________________________

_______________________________________________

_______________________________________________

_______________________________________________

_______________________________________________

_______________________________________________

_______________________________________________

_______________________________________________

_______________________________________________

_______________________________________________

_______________________________________________

Ahora vamos a pasar a otra reflexión, también relacionada con cada etapa de tu vida pero en este caso vamos a realizar un ejercicio de humildad.

¿Cuántos proyectos en cada una de esas áreas has comenzado y has dejado a medias?

Vuelve a reflexionar con tranquilidad, sin juzgarte. Sólo respira y siente, ve a cada área, hazte la pregunta y cuando consideres que has realizado correctamente el ejercicio, conectando con la información necesaria, entonces escribe.

...

Ya has ampliado información, ya has conectado con realidades más profundas. Ahora vuelve a tu interior, mírate cara a cara a ti mismo y responde a la pregunta: ¿Cuál fue el motivo REAL por el que dejé ese proyecto de vida sin acabar?

...

Permite que emanen todos los sentimientos que deban emanar al respecto. Conecta con ellos porque ellos son los que te ayudan a volverte a conectar, por muy dolorosos que sean, el camino es el que es.

Expresa por escrito lo que sientes, incluso verbalmente si es necesario.

...

Después continúa, sigue tu camino. Es momento de dejar de lamentarse, si has tomado conciencia del nivel de irrelevancia que tienes contigo mismo, acéptalo, asúmelo y haz algo al respecto.

Deja la queja que de nada te sirve, eres un ser valioso, como valiosos son tus sentimientos y deseos, ya está bien de lamentarse y de seguir culpando a los demás o a las circunstancias de que las cosas no salgan. En tu mano está hacer que salgan como sea.

Un irrelevante lo es con su dolor, le ayuda a vivir con humor, su máscara le facilita la supervivencia. Pero un irrelevante también lo es consigo mismo, con sus metas y proyectos, con sus deseos y anhelos, con sus necesidades. Un irrelevante lo es con sus objetivos,

¿Cómo puede un irrelevante cumplir sus deseos pues?

...

El compromiso con uno mismo es tarea de cada uno. Requisito fundamental para la consecución de metas. No maquilles más tus sombras con ínfulas de pasotismo.

**Ya es hora de comprometerte contigo mismo, te lo mereces y te lo debes!**

Ahora bien, tanto en éste como en todos los roles

disfuncionales de la comunicación, has de saber algo: la persona que los ejerce se relaciona desde un lugar externo a sí misma, es decir, de manera disociada. Esto lo hace para conseguir un tipo de recompensa, sea del tipo que sea. Es tu labor descubrir dentro de ti qué recompensa buscas.

La toma de conciencia de esta información es uno de los mayores tesoros del desarrollo personal y es un descubrimiento único, personal e intransferible.

...

Generalmente, en el complaciente, se busca la recompensa de ser visto, aceptado y amado; en el culpabilizador se busca evadir la culpa lanzándosela a otros, evitando el error a toda costa; el halago y la vanidad son los pecados capitales del hiperracional, así como la defensa y la evitación del dolor junto con el pasotismo son los mecanismos del irrelevante, envolviéndose a sí mismo y a los demás en un constante circo humorístico.

Estas recompensas con superficiales, caminar en la superficie es la tónica constante de los cuatro roles disfuncionales de la comunicación.

...

En la profundidad es donde se encuentra la verdad.

Por eso te invito a que profundices y respondas a la pregunta:

¿Qué recompensa obtengo con mi comportamiento, con mi rol?

Para dar con la respuesta real, adéntrate en tus profundidades de nuevo y observa detenidamente qué obtienes de los demás ante tu conducta; se trata, sobre todo, de un beneficio emocional, aunque también puede ser material. Cuando una persona ejerce un rol disfuncional y lo sigue ejerciendo en el tiempo, es porque algún tipo de beneficio obtiene.

Date cuenta de las respuestas que los demás tienen contigo, de cómo reaccionan a tu conducta, de qué te ofrecen a cada movimiento. En los beneficios, en primera instancia, emocionales se encuentra el origen de tu conducta.

Escribe sobre ello, conecta con tus tesoros, dite la verdad a ti mismo.

...

Quiero ayudarte con todo mi corazón querido lector, ante todo, porque yo misma viví un gran salto de conciencia cuando realicé el trabajo con todos los roles disfuncionales que recopilo en este libro. Las relaciones personales son lo que determina el éxito en la vida, en los negocios o en la familia. Trascender cada rol disfuncional es una de las claves para conseguir equilibrio y salud mental. Conectar con los auténticos sentimientos y aprender a expresarlos con asertividad, saber respetar los tiempos en la interacción con el otro, tomar conciencia de lo que sucede de verdad en la profundidad, son las claves del éxito en las relaciones.

Cuando las heridas del alma se sanan, aparece un nuevo amanecer porque tomas conciencia de lo que sucede en profundidad. Puedes volver al segundo libro de esta saga, "Mente despierta: domina el laberinto", allí tienes el apartado correspondiente a las heridas emocionales con ejercicios que te ayudan a adentrarte en ellas para sanarlas. Puedes recurrir a él cuando quieras, es el mejor acompañamiento para tomar conciencia de qué hay detrás de cada rol disfuncional.

Conforme vas sanando, te vas dando cuenta de todas las cosas que cargabas que no eran tuyas, tomas conciencia de qué te corresponde y qué no para comenzar a soltar lo que no te sirve. Haz tu trabajo, es necesario, te ayuda a ser tú, mi deseo es ayudarte a que seas más libre. Durante muchos años me cargué de cosas que no eran mías, cargaba culpas de personas que no eran yo. Desconocía por qué mi vida no avanzaba y era, precisamente, porque el peso me lo impedía. No permitas que eso te suceda a ti, pon remedio ahora que tienes la mejor saga para ello delante de ti.

Permítete soltar ya, permite que tu vida sea sana cerrando las puertas a la intoxicación emocional de otros, ayúdate leyendo, haciendo los ejercicios, reflexionando, identificando tus roles, así como a las personas con las que te relacionas. Piensa de qué manera de autoabandonas dejando de ser tú, bien sobreactuando, bien haciéndote pequeño para que otros no se sientan pequeños, bien para obtener atención o un beneficio emocional que tú mismo puedes darte.

Reflexiona profundamente ¿Para qué lo haces?

...

A continuación reflexiona sobre el estado en que queda tu autoestima. Para ello, puedes preguntarte cómo te sientes después de cada puesta en escena del rol, también qué sucede cuando no obtienes lo esperado y, sobre todo, cómo se queda tu cuerpo cada vez que demandas de otros lo que tú misma te puedes ofrecer y no te ofreces.

...

_______________________________________________

_______________________________________________

_______________________________________________

_______________________________________________

_______________________________________________

_______________________________________________

_______________________________________________

_______________________________________________

———————————————————————————————

———————————————————————————————

———————————————————————————————

———————————————————————————————

———————————————————————————————

Si no te ves a ti mismo y te encuentras en un estado de indefensión aprendida, tu carácter se torna débil, tu forma de relacionarte es floja, nadie te ve, por muy veraz e importante que sea lo que dices, nadie te tiene en cuenta porque tu forma de trasmitir la información no es creíble, emana duda e inseguridad.

La perspectiva desde este punto engloba al otro pero no a ti. Has de ver tu parte para que el otro vea la suya. El respeto que recibes es directamente proporcional a tu grado de autoestima.

*"Mantente alejado de la gente que intenta menospreciar tus ambiciones. La gente pequeña siempre hace eso, pero la gente realmente grande te hace sentir que tú también puedes ser grande"*

**Mark Twain**

*Permítete ser grande para dejar de menospreciarte y dejar de menospreciar a los demás. Permítete crecer para poner límites y afrontar retos. Permítete amarte para darte cuenta enseguida de quien te hace daño.*

**Ana de Juan**

Con estas citas te invito a que tú mismo te trates bien, como mereces. Para impedir que la gente mediocre te haga esto, lo primero que tienes que hacer es dejar de hacértelo tú mismo, con tus pensamientos y con tus palabras hacia ti mismo. Deja de hacerte daño, de despreciar tus sentimientos o de desvalorizar aquello que viniste a hacer al mundo. Respétate a ti mismo!

Para hacerlo has de tener bien trabajado tu ego, conocer a fondo los roles disfuncionales que puedes llegar a desempeñar a causa de asuntos no sanados y poner en práctica todo lo integrado en esta trilogía. Estudia a fondo este libro, así como los otros dos, después comienza a comportarte como un verdadero comunicador funcional, despliega tus dotes asertivas. Eres capaz de conseguir todo lo que te propongas, desde trascender tus roles, hasta convertirte en el comunicador que siempre has soñado. Aprende de ti mismo como nunca lo has hecho, deja que esta saga te acompañe a convertirte en el auténtico ser valioso que eres.

Métete en las profundidades de verdad, quiero que aprendas a fondo, que lo hagas bien. Quedarte en la superficie no te ayuda para nada. Debes conocer todo lo relacionado con cada personaje disfuncional pero también el parásito que lo sostiene: el ego. Éste fragmenta y divide, es el causante de la disfuncionalidad, es egoísta contemplando sus únicos intereses, no ve al otro, sólo su arrogancia. Cuando te comunicas desde el ego lo haces fuera de ti, sin auténtica empatía.

La vida no es un fragmento de nada, la vida es una e indivisible y pasa delante de tus narices; es tu decisión ser el figurante o el protagonista. La vida es hermosa. El SER es el que integra todo, es esa parte de ti que todo lo une, que habla desde su centro, que trasciende. Es tu parte sabia, divina, incluso.

Lee atentamente, el siguiente apartado contiene las bases operativas del ego, te interesa mucho conocerlas. Eres importante, tienes un papel fundamental en tu proceso de sanación, has de saberlo!

# 3. EL JUEGO DEL EGO EN LAS RELACIONES

El SER es nuestra parte más consciente, amorosa y trascendente, no lucha ni discute, fluye. Si el SER se erige como algo innato a cada humano, el ego es algo creado por el mismo humano. El SER viene de serie, el ego lo creamos ad hoc, lo cocemos poco a poco, a fuego lento, le ponemos cara y boca, haciendo de éste el personaje estrella de nuestra actuación. Son muchos los personajes a los que les gusta el ego, entre ellos los que acabamos de ver explicados con la base de la terapeuta Virginia Satir; todos ellos tienen algo en común: son protagonistas, les gusta y les encanta serlo. El mayor orgasmo del ego es ser el protagonista de la película, bien sea por bueno, por malo o por superhéroe. Vas a conocer más papeles disfuncionales que impiden que tu paz sea un hecho. Lee con detenimiento, suelta las culpas y aprende.

Hablemos de cómo influyen los roles a la hora de relacionarte con los demás y de cómo éstos se ven reflejados en la forma de comunicarte.

En primera instancia, el lugar desde el cual te comunicas está determinado por el personaje con el que te identificas. Todos los seres humanos somos unos excelentes actores sociales, dependiendo de nuestros papeles, así serán nuestras relaciones, nuestros resultados y nuestro poder o no de influencia.

Me baso en un libro muy interesante para explicar este apartado, se titula "Trascendiendo el triángulo dramático de Karpman[3]" . Donde se explican de un modo muy pedagógico los tres roles principales desde donde el ser humano se comunica de manera disfuncional. No son excluyentes con respecto a los de Virginia Satir[4], más bien se añaden al cajón de sabiduría, se trata de que los integres en tu acerbo teórico-práctico. Presta profunda atención, se trata de tres roles a través de los cuales saboteas inconscientemente tus relaciones, metas, éxito y paz interior. Dejando de sabotearte ya tienes mucho camino recorrido.

El autor habla de tres personajes fundamentales que todos interpretamos de manera cotidiana y que vamos a ir desmenuzando poco a poco a lo largo de este apartado. Para explicarte en profundidad visualiza la figura de un triángulo equilátero; en cada uno de sus vértices sitúa una de las tres figuras o roles principales que actúan en la psicología de la comunicación. Como a continuación:

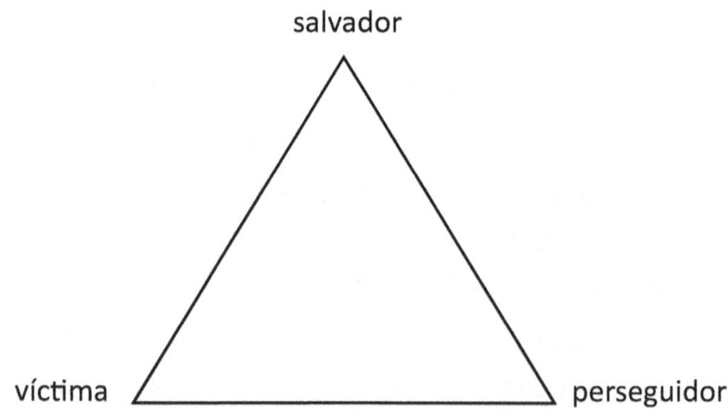


---

3  Op. Cit.
4  Op. Cit.

La víctima, el salvador y el perseguidor son los tres personajes que ocupan cada una de esas esquinas. Trascender este triángulo puede costarte una vida entera o escasos días, dependerá de tu nivel de conciencia y de la flexibilidad de tu ego. Veamos cómo puedes trascender estos roles y de qué manera puedes desidentificarte de cada uno de ellos para relacionarte desde la más sana asertividad contigo mismo y con los demás.

El amor como herramienta integradora del todo es el que ayuda a dicha trascendencia. Comencemos por el principio:

Estudia cada uno de ellos y mira de qué manera están operando en tu vida. Seguramente tu ego intente esconderse y escabullirse como pueda, quizá te engañe, se enfade, te dirá varias veces que dejes de una vez este libro, que no lo leas, que son chorradas. Pero de ti depende tener la razón o ser feliz. De tu grado de humildad depende cazarlo.

***"Si tu ego no te deja tranquilo, mándalo a la tienda a comprar humildad, sólo entonces descubrirás la divinidad que hay en ti"***

...

## 1. Rol Víctima

La "víctima" es un personaje que se define como una persona que se siente presa de las circunstancias, cree que no tiene poder sobre su vida, que la vida le viene dada y que no se puede hacer nada ante los acontecimientos. No siente que tenga poder alguno y cree que se tiene que adaptar a las circunstancias, dejando que éstas elijan por él. Además es un rol que contiene la creencia de que es un puro espectador, que la vida le viene; la víctima cree que es ausente de poder personal. Que no es capaz de crear ni cambiar nada. Está totalmente desidentificada o desconectada de su poder personal, es una persona que se siente pequeña, es una persona que normalmente busca ayuda en otras personas, siente que por sí misma no puede, no es consciente ni sabe cómo cargarse las pilas o llenarse de energía y suele hacerlo a través de otros de la manera que puede o le dejan.

...

Es un auténtico aspirador de energía, un vampiro emocional que te llama a cualquier hora a quejarse de lo que le ha pasado ese día. Así se siente mejor. Tras chuparte tu energía tú te sientes fatal, en ocasiones no sabes el motivo y en otras lo tienes muy claro. Si eres consciente de que has cedido parte de tu energía vital sin poner un límite, entonces añades un sentimiento de culpabilidad por habérsela dado.

...

Cuando posees identificación con este personaje, mermas tus niveles de energía, te centras en dar muchísimo a los demás esperando una reciprocidad que nunca llega. Das esperando a cambio porque crees que los demás son tus salvadores, por eso a ti mismo casi nunca te das, no crees que puedas cuidar de ti, no eres consciente de tu poder (lo cual no significa que no lo tengas). Crees que le tienes que dar a otros para que otros te den; crees y sientes que tienes que tener el permiso de otros para darte a ti mismo. Normalmente, a causa de esta creencia, te encuentras con personas paternalistas (salvadoras) que te protegen y, al mismo tiempo, te invalidan mermándote de tu propio poder, mostrándote lo pequeño que eres; o perseguidoras (culpabilizadoras) que te indican directivamente qué has de hacer, restándote cualquier atisbo de decisión propia y aumentando tu sentimiento de miedo, con lo cual sigues perpetuando tu *status quo*.

...

¿Te sientes identificado?

...

¿Sientes resonancia en tu fuero interno?

...

Cuando algo dentro de ti te dice que hay mucho de ti en eso, hazle caso, te está hablando tu voz interior.

El propósito de este libro es ayudarte, acompañarte, nada más lejos de hacerte sentir mal, aunque todo proceso de sanación va acompañado por dolor interior. Una persona identificada con un rol de víctima posee niveles muy bajos de energía vital, de autoestima y de conexión interior. Se incluye en este tipo de rol al tipo de personas que viven en "modo queja". Todo aquél que se queja de algo está quitándose su propio poder y dándoselo a las circunstancias o a las personas que ella misma considera culpables de sus desgracias. La víctima proyecta su poder en figuras externas que supuestamente "hacen algo" para fastidiarle.

...

Cuando recurrentemente te encuentras en modo queja, te pones a ti mismo en un rol de víctima. Se trata de uno de los peores roles disfuncionales que alguien puede tener en sus relaciones personales. Al identificarte con un rol ausente de poder personal, la toma de conciencia y la salida del laberinto emocional se consigue gracias a un acontecimiento lo suficientemente fuerte como para hacerte despertar. Cuando te sientes víctima de los demás, también eres víctima de ti mismo, aunque todavía no lo sabes.

Quiero hacerte varias preguntas para ayudarte a dar luz a tus sombras. Haz con detenimiento este ejercicio, contiene las preguntas adecuadas para que te des cuenta de lo que sucede y salgas de ahí:

¿De qué aspectos o áreas de tu vida sueles quejarte?

_______________________________________________

_______________________________________________

_______________________________________________

_______________________________________________

_______________________________________________

_______________________________________________

_______________________________________________

_______________________________________________

¿A quién o a qué culpas de tu malestar? Y ¿Por qué?

...

Elabora el listado junto con el motivo:

_______________________________________________

_______________________________________________

_______________________________________________

_______________________________________________

¿De qué manera estás siendo víctima de esas personas?

¿Te sientes atrapado?, ¿Cómo?

---

---

---

---

...

## Sentirse víctima de otro es convertirse en víctima de uno mismo

Cuando una persona se siente atrapada, es porque está viviendo aprisionada en su cárcel emocional. Date permiso para hacer espacio, para desconectar de la presión, te ofrezco la oportunidad de que seas conocedor de lo más importante: la salida está disponible para ti. Acompáñame en la lectura, realiza todos los ejercicios, permítete enfrentarte a ti mismo. Sin prisa pero sin pausa.

El mejor modo de comenzar a empoderarte es mediante el autoanálisis y la autorreflexión. La siguiente pregunta te ayudará a colocarte en un lugar de estima interior:

¿Qué cosas puedes hacer para ayudarte a ti mismo?

---

---

---

---

---

---

---

Ahora bien, ¿cuándo vas a hacerlo? Pon fecha a cada cosa en este preciso momento!

_______________________________________________

_______________________________________________

_______________________________________________

_______________________________________________

_______________________________________________

_______________________________________________

Redacta qué vas a hacer y pon fecha en este mismo momento, no sigas leyendo sin hacer el ejercicio anterior. Si realmente quieres ayudarte a ti mismo, no sigas leyendo antes de dar este paso.

...

Una vez hecho puedes continuar leyendo.

...

Si no lo has hecho, por lo menos no te engañes a ti mismo. Mi trabajo consiste en ayudarte, no en caerte bien. Así que para ayudarte deberás responder con honestidad a las siguientes preguntas:

Seguro que te has dado cuenta de que, en ocasiones, no haces lo que te conviene, te autoabandonas dejando de hacer lo mejor para tu bienestar. Si en este momento no has hecho el ejercicio anterior, te has autoabandonado, con lo cual puedes usarlo de ejemplo para la siguiente actividad: ¿En qué momentos te has autoabandonado dejando de hacer lo mejor para ti?, ¿Por qué?

...

Escribe hecho y, a continuación, motivo:

___________________________________________

___________________________________________

___________________________________________

___________________________________________

___________________________________________

___________________________________________

___________________________________________

___________________________________________

Hazlo por ti, responde y no te engañes. Sé muy consciente de qué o a quién estás poniendo como excusa. Por ejemplo, los hijos o el cónyuge; justificar el propio dolor por amor a otros, no es saludable. Sólo es justificable cuando no hay queja y, obviamente, si has escrito sobre ese tema, queja hay, al menos pérdida personal, con lo cual lee despacio, detenidamente. Amar a los demás parte de amarte a ti mismo.

***"Amarás al prójimo como a ti mismo"***

### Segundo Mandamiento

El segundo mandamiento afirma la importancia de amarse a uno mismo, no sólo de amar a los demás. Se ha malinterpretado tomando la primera parte del mandamiento como ley y obviando el resto. Amarás al prójimo como a ti mismo pero no más. Amar a otros por encima de ti te coloca en una posición de impotencia de amor real hacia otros. Es tan simple como darte cuenta de que cuando esto sucede, le pides al otro que te de lo que deseas, le echas en cara lo que hiciste por él y, además, te sientes culpable cuando las cosas no son como esperas. Amarse a uno mismo es clave fundamental para amar bien a otros, de manera sana y limpia, sin reproches, sin deudas.

...

Éste es un gran momento para agendar eso que es bueno para ti, hacerlo y permitirte sentir bien por ello.

Si no lo haces evitas ayudarte. No me importa si tienes pereza o cosas que hacer, si te sientes culpable o te importa el qué dirán; postergas lo que sabes que te ayudará, con las excusas es lo que haces. Tomar conciencia de ello es la verdad que te hace libre. Al final de tu vida tienes que vértelas contigo mismo, con nadie más.

...

Uno de los síntomas de la víctima es: la mente bombardea constantemente con innumerables excusas para no hacer lo que te beneficia.

Seguir haciéndolo es fácil para el ego, cambiar es difícil para la voluntad porque dejarías de ser una víctima y eso al ego le disgusta mucho.

La víctima es pasiva, espera que suceda algo, que venga un cambio y lo arregle todo o bien que alguien le salve.

La víctima vive hipnotizada. Despierta!

**No va a venir nadie a salvarte a ti, la gente ya está muy ocupada construyendo sus propias vidas como para cargar con la tuya. Despierta y haz algo, hazlo por ti!**

Si te encuentras esperando a que venga alguien a salvarte, lo único que estás haciendo es paralizar tu vida. La vida pasa y pasa por delante de tus narices. Quizá sientes que estás esperando y nada sucede, claro que nada sucede, porque el que tiene que hacer algo eres tú mismo, el que tiene que hacer el cambio eres tú mismo. Por lo tanto, dale la vuelta al espejo, y mírate a ti mismo. Reflexiona sobre lo siguiente:

...

¿De qué manera soy víctima de mí mismo?

_______________________________________________

_______________________________________________

_______________________________________________

_______________________________________________

_______________________________________________

_______________________________________________

_______________________________________________

_______________________________________________

¿De qué manera me impido disfrutar de la vida?

_______________________________________________

_______________________________________________

_______________________________________________

_______________________________________________

_______________________________________________

¿De qué manera doy mi propio poder a los demás para que me salven?

¿De qué manera me auto-abandono, no haciéndome responsable de mí mismo?

¿De qué manera evito tomar mi propia responsabilidad y poder?

______________________________________________

______________________________________________

______________________________________________

______________________________________________

______________________________________________

______________________________________________

______________________________________________

______________________________________________

______________________________________________

Son preguntas muy directas que te confrontan contigo mismo. Una vez que hayas escrito las respuestas con plena honestidad, habrás alcanzado un mayor nivel de conciencia sobre ti mismo. Si realmente deseas que este libro te ayude, ayúdate a ti mismo y comprométete a responderte a ti, a vértelas contigo mismo, a mirarte de verdad.

La forma de relación desde un rol de víctima es la siguiente: busca que alguien le ayude, ve a las demás personas más grandes que a sí mismo, suele percibir desde un lugar de impotencia y de desempoderamiento, canaliza el poder hacia fuera y lo proyecta hacia otra persona.

La salida es dejando de mirar hacia fuera, mirando hacia dentro que es donde se encuentra la verdad y el poder personal de ti como ser humano y divino, independientemente de tus circunstancias.

El rol víctima en este apartado se relaciona con el rol complaciente del apartado anterior, los mecanismos que operan tras la psicología del complaciente tienen sus bases en aquellos que, un día, se crearon en la mente de una víctima tras el acontecimiento que la victimizó.

...

## 2. Rol Perseguidor

Se define como un tipo de persona que es bastante rígida y muy crítica con los demás; emite juicios duros, es estricta y severa, directiva y posee un rol dominante. Cree que posee la verdad absoluta. Emite juicios a los demás, suele ser paternalista y se vale de una persona que ejerce su contrarrol para complementarse. En efecto, se sirve de la víctima. A este respecto, a la víctima le viene muy bien, pues ésta necesita a alguien que le diga qué ha de hacer y aquél necesita de alguien a quien dirigir. El perseguidor es una persona dura con los demás, por lo tanto lo es consigo mismo, juzga a los demás y a las circunstancias, incluso "echa balones fuera" si está demasiado identificado con ese personaje, cree que su verdad es universal y que no se equivoca jamás.

Si te has cruzado con un perfil similar, habrás observado que utiliza el lenguaje para crear rígidas construcciones de su realidad exterior, etiqueta y encasilla fácilmente a cualquier persona o circunstancia, según le venga en gana, y sólo a través de un dato concreto o de una información muy escasa.

Cuando su realidad la considera peyorativa, su modo "queja" es diferente al de la víctima. Mientras que la víctima lo hace de un modo autocompasivo asociado a una emoción de tristeza, el perseguidor lo hace emitiendo duros juicios contra los demás asociados a la emoción del enfado o la ira. Éste es agresivo, trata de imponer su voluntad y ejercer su poder sobre otros, a su manera y casi siempre sin tener en cuenta los sentimientos y las necesidades de los demás, solamente las suyas.

Un perseguidor sin víctima no es nadie y una víctima sin perseguidor, tampoco. Por lo tanto, el perseguidor, hace uso de la víctima para ejercer su rol. Como son complementos uno del otro, solemos encontrarlos en diferentes contextos, desde matrimonios a relaciones de pareja o amistades. Cuando ejerces el rol de observador y ves "desde fuera" a amigos o conocidos te das cuenta perfectamente de estos roles. Aunque sea disfuncional, se trata de relaciones que pueden durar toda una vida, simplemente por el hecho de que cada uno tapa el vacío del otro en su rol y contrarrol. Relaciones negativas y tóxicas para ambos pero dependientes entre sí.

El rol víctima y perseguidor son muy parecidos a los roles complaciente y culpabilizador, respectivamente. Aún con esto estudia los matices de cada uno. De nada sirve identificarlos fuera si no los identificas en ti mismo. Recuerda: no puedes ver aquello que no mora ya en ti, si puedes verlo fuera, también están en ti mismo. Estúdiate!

Las relaciones de tu vida se complementan en tus roles y en tus contrarroles, en tus carencias y vacíos. Si a lo largo de la vida te encuentras con personas que no ejercen un contrarrol para ti, la relación puede seguir siendo suficientemente madura emocionalmente.

Por eso, cuando te encuentras inmerso en profundos procesos de crecimiento personal y vas trascendiendo tus roles, algunas de las personas que tienes a tu alrededor comienzan a decirte que estás "raro". Te preguntan qué te pasa, incluso a veces se enfadarán contigo porque ya no satisfaces sus deseos; lo que en ese momento quizá no has descubierto todavía es que les molesta que ya no les permites que te manipulen. Cuando comienzas a poner límites a las personas que antes abusaban de ti, te ves más y te respetas más. Ahora ya no se lo permites. Por eso algunos se van y nuevas personas llegan.

...

Por todo lo anterior, no es casual que tengas la pareja que tienes, que te juntes con las personas que lo haces o que te hagas amigos de las personas que te gusta tener cerca. De hecho, si eres una persona que tiene inquietudes en su crecimiento personal y te trabajas a ti misma, te habrás dado cuenta de que conforme vas creciendo, algunas personas desaparecen, otras personas se quedan, y un nuevo grupo aparece. Todo esto se produce porque haces cambios en tu rol.

Puedes leer el capítulo de las heridas emocionales de "Mente Despierta", releer lo ya estudiado, porque ahí se encuentran los pilares de la toxicidad en tus relaciones personales, los enganches a relaciones tóxicas y las dependencias de vínculos dañinos para ti. Sánate y vacía tu vaso, anda por la vida bien limpito para que la vida te regale mejores relaciones en todos los aspectos.

En resumidas cuentas, al dar cambios en los roles que interpretas, la energía vital que sostiene todo va haciendo los ajustes oportunos en tu vida, atrayendo para ti relaciones más saludables y satisfactorias.

El hándicap con el que juega el perseguidor es que no suele hacerse responsable de sí mismo porque echa balones fuera, responsabiliza a los demás de sus asuntos, lo que significa que a sí mismo no se ve, creyendo que son los demás los culpables de sus desgracias siendo él el perfecto. Es un rol que también es víctima de sí mismo, pero su cárcel posee unos barrotes más compactos.

Cuanto más apego se tenga a este personaje más rígido será y más complicado el poder de desidentificarse y tomar conciencia desde qué parte de tu ego estás funcionando. Al igual que la víctima, el perseguidor, también está metido en una cárcel que le daña, suele sentir que ha de organizar la vida a los demás y controlar a las personas que tiene a su alrededor, proyectando sus propios deseos y frustraciones en los demás, pensando qué es lo que los demás necesitan, mandando y orientándoles, creyéndose con la verdad absoluta. Estandariza las necesidades de los demás a las suyas y funciona a través de la fuerza en vez de desde el poder. El perseguidor, al depositar su poder personal en su propio carácter, deformado por el ego, opera desde la fuerza, la obligación, la rigidez, el mandato, no desde el poder, porque la única persona que puede operar desde el poder es la persona que está en el centro de su alma, que ha trascendido el triángulo y que se encuentra en el amor.

Alguien que tiene auténtico poder es alguien que ha sanado sus heridas y que ha trascendido su ego, que se ha dado la licencia de construirse a sí mismo.

Si te resuena este rol y, de alguna manera, te identificas con el rol de perseguidor, te recomiendo que respondas a las siguientes preguntas para ayudarte a ti mismo a tomar conciencia de cómo opera tu personaje. Se trata de preguntas muy profundas que te harán despertar emociones encontradas, sé paciente contigo mismo:

¿Qué es lo que más criticas en los demás?

________________________________________

________________________________________

________________________________________

________________________________________

________________________________________

________________________________________

________________________________________

________________________________________

¿De qué manera te comportas con las personas que hacen lo que te fastidia o molesta?

________________________________________

________________________________________

________________________________________

________________________________________

________________________________________

________________________________________

________________________________________

Ahora una reflexión ante la cual, inicialmente, tu ego mostrará resistencias.

¿Qué hay de ti mismo en esto que criticas?, ¿Qué tiene que ver contigo?

...

Piénsalo detenidamente y tómate el tiempo que necesites antes de responder:

_______________________________________

_______________________________________

_______________________________________

_______________________________________

_______________________________________

_______________________________________

¿Qué es lo que más necesitas controlar?

_______________________________________

_______________________________________

_______________________________________

_______________________________________

_______________________________________

_______________________________________

_______________________________________

¿A qué personas intentas controlar de alguna manera u organizarles la vida?

¿De qué manera te culpas por tus errores?, ¿Cómo eres de duro contigo mismo?

Una vez que has reflexionado sobre todo lo anterior, ¿De qué manera puedes afirmar que eres perseguidor de ti mismo?

...

_______________________________________________

_______________________________________________

_______________________________________________

_______________________________________________

_______________________________________________

_______________________________________________

_______________________________________________

_______________________________________________

Caminando un paso más adelante en tus profundidades, ¿De qué manera consideras eres víctima de ti mismo con ese comportamiento?

...

_______________________________________________

_______________________________________________

_______________________________________________

_______________________________________________

_______________________________________________

_______________________________________

_______________________________________

_______________________________________

_______________________________________

¿Quieres continuar así?

_______________________________________

Si la respuesta es negativa, ¿Cómo podrías ayudarte a ti mismo?, ¿Qué cosas podrías hacer o dejar de hacer para tu beneficio?

_______________________________________

_______________________________________

_______________________________________

_______________________________________

_______________________________________

_______________________________________

_______________________________________

¿Cómo sería tu vida sí eliminases la crítica y la rigidez?

_______________________________________

_______________________________________

_______________________________________

_______________________________________

_______________________________________

¿Cómo sería tu vida si, en su lugar, colocases la aceptación y la flexibilidad como pilares?

---

---

---

---

Haz todos los ejercicios, responde a cada pregunta con reflexión y minuciosidad, es la manera más eficaz de aprovechar a fondo este libro y el resto de la trilogía. De ti depende el grado de implicación y compromiso que tengas.

El rol perseguidor muchas veces se esconde detrás del de víctima. Sé prudente si te sientes víctima porque, con muchas probabilidades, estás siendo perseguidor de un modo inconsciente. La persona que se siente víctima se da licencia para atacar "con todo el derecho"; instante en el que se convierte en perseguidor. A menor identificación con este rol, más poder inconsciente ejerce sobre ti. Tenlo en cuenta.

Te pondré un ejemplo que te ayudará a entenderlo: una persona que calla continuamente ante su sentimiento de malestar provocado por los comentarios de otra persona, intencionados o no. Va acumulando malestar y un día explota agrediendo a su interlocutor. Éste, sin ser consciente, se queda asombrado. Sin embargo, hubiera sido mucho más fructífero que el sujeto pasivo expresara con franqueza y asertividad lo que sentía ante los comentarios del otro hablante.

...

## 3. Rol Salvador

Se trata de una persona cuyo rol se fundamenta en "salvar a los demás", el hándicap de este personaje es que suele olvidarse de sí mismo y auto abandonarse en pro de salvar a los que tiene a su alrededor y más allá. Suele hacerlo patente de cara a los demás con el fin de que conozcan a voces su personaje. La intención que hay por debajo, y en ocasiones de manera inconsciente, es la de sentirse superior a los demás a través de su comportamiento, como un superhéroe. Además, existe cierta complacencia hacia este rol, es más permitido y aceptado, como que tiene "buena prensa", rol más interpretado por mujeres que por hombres.

La parte oculta o no visible de este actor consiste en hacerse cargo de "pesos" emocionales de las demás personas. Asuntos y problemas de las demás personas que hacen suyos para ayudar con un fin último: el de ser querido. La operativa consiste en convertirse en una aspiradora emocional de los demás para librarlos del dolor y que, gracias a cargar su peso, éstos le amen.

Se lleva a casa asuntos que no son suyos y los intenta solucionar, haciendo propios una serie de problemas que no lo son; perjudicando, con ello, su propia vida y las de sus familiares. El Salvador, de forma inconsciente, siente cierta superioridad a sus semejantes, tomándose la batuta de solucionador de problemas, siendo el "superman" del pueblo de cara al exterior. Se vende así, pero sigue viviendo en una auténtica cárcel, porque se olvida de sí mismo. Si te identificas con un rol Salvador, te invito a que le des la vuelta a ese espejo que proyectas en los demás y te respondas con honestidad:

¿Con qué personas siento que pierdo energía vital o que me vacío?

_______________________________________________

_______________________________________________

_______________________________________________

_______________________________________________

¿Qué problemas cargo que no son míos?

_______________________________________________

_______________________________________________

_______________________________________________

_______________________________________________

¿De quién o quiénes son?

_______________________________________________

_______________________________________________

_______________________________________________

_______________________________________________

La siguiente pregunta posee una fuerte carga emocional, tómate el tiempo que necesites para responderla:

¿Para qué lo hago?

...

Date cuenta de todos los beneficios emocionales que obtienes al tener esta conducta.

---

---

---

---

---

---

---

Generalmente, cuando desempeñas un rol concreto, los beneficios emocionales son altos. La víctima se sitúa en una cómoda posición en la que le prestan atención, es vista cuando se comporta de este modo, por eso lo hace, el perseguidor siente su poder sometiendo al pasivo y el salvador agrandando su ego de "superman". En cualquier caso, lo que opera detrás de todos los roles es una necesidad afectiva: el amor, la atención, el querer ser vistos. Las carencias emocionales son las que mueven todos nuestros roles disfuncionales, nada más.

El vacío emocional provoca que se busque fuera lo que se "debería" dar desde dentro. La persona que es capaz de dárselo trasciende la carencia, crece y se lo da. Mientras haya inconsciencia, la carencia mueve la búsqueda de ser tenido en cuenta, atendido. El ego busca atención del modo en que ha aprendido a obtenerla. El beneficio emocional es alto, pero, ¿te has preguntado el precio que estás pagando por operar así?

...

Es momento de que te lo preguntes, un rol no deja de ser una cárcel, el apego al rol viene con el apego a la emoción. La cárcel tendrá los barrotes tan duros como tú decidas. Una víctima, por ejemplo, obtiene atención sí; pero, por contra, se impide a sí misma triunfar, víctima y éxito son términos indirectamente proporcionales. Una víctima se sabotea a sí misma en el momento del despegue.

Un perseguidor, en cambio, se impide aprender; obtiene reconocimiento y respeto, incluso temor de los demás pero se impide a sí mismo tener la humildad de aprender. Por otro lado, el salvador no se permite ser víctima porque es él el que salva, con lo cual difícilmente se dejará cuidar, lee al respecto:

**Saber recibir también es saber dar.**

...

Las consecuencias que trae para ti el desempeño de roles disfuncionales es alta, éstos son sólo algunos ejemplos. En ti se encuentra la capacidad de descubrirte:

¿Qué consecuencias personales, sociales, emocionales, económicas, familiares, de pareja, etc. me está trayendo desempeñar este/os rol/es?

...

A continuación escribe el rol y las consecuencias a todos los niveles:

___________________________________________

___________________________________________

___________________________________________

---

Profundizando más todavía en la operativa del rol que tratamos en este apartado, si eres un salvador, probablemente tengas a tu alrededor ciertos perfiles de personas que van a contarte problemas sistemáticamente y repetidamente, a los que tú ayudas o intentas ayudar. Ten cautela con los contrarroles con los que te relacionas, pues dentro del grupo al que "salvas" se encuentran los denominados vampiros energéticos. Personas a las que ayudas pero que no se dejan ayudar tanto como crees, dado que vuelven al segundo o al tercer día con el mismo asunto en busca de tus "cuidados".

Normalmente no suelen hacer lo que les aconsejas o les recomiendas porque realmente buscan tu energía, no la solución a sus problemas. Estas personas, llamadas vampiros emocionales, circulan alrededor de salvadores de los que alimentarse. No sólo una víctima que busca consuelo en un salvador puede ser un vampiro emocional, también lo puede ser un perseguidor alimentándose de la energía sumisa de la víctima.

Hago patente que no todas las personas que se sienten víctimas y buscan ayuda son vampiros emocionales, únicamente puedes diferenciarlos porque el vampiro que busca ayuda suele poner impedimentos a cada uno de tus consejos, hace poco o nada por sí misma, siempre se está quejando y, lo más importante, cuando terminas de hablar con ella te sientes con muy baja energía vital. Esto día tras día te lleva a frenar tu vida en muchos aspectos. Algunos vampiros no son conscientes de su papel de chupa "sangre" emocional, simplemente van a verte porque se sienten bien cuando están contigo, sin embargo eso no les exime de su responsabilidad, ni a ti de tu obligación de protegerte.

Siguiendo con tu rol de salvador no les ayudas en absoluto, además sigues perdiendo tu energía vital en pro de dársela a ellos. Flaco favor le haces si sigues ahí, detente y no permitas perder una valiosa energía que necesitas para crear tu vida. De hecho, sientes que vuelves a casa desenergetizado, sobre todo porque la frustración te invade al tomar conciencia de que no puedes ayudarlas por más que lo intentas. No obstante, esto es mentira, es lo que tú sientes pero, realmente, esas personas no quieren ser ayudadas, lo que quieren es tu energía de ayuda y tu atención, ni más ni menos.

Si quieres diferenciar a un vampiro emocional del que no lo es, lee atentamente. A continuación te lo explico:

Cuando alguien que no es un vampiro emocional te pide ayuda lo notas enseguida porque se la ve dispuesta a actuar, no pone límite, frenos, ni "peros" a tus ayudas, da pasos hacia delante, aunque sean pequeños, y son agradecidas. Pocos detalles pero contundentes que te ayudan a diferenciarlos.

...

Sal de una vez del juego del superhéroe, deja de ir por ahí salvando la vida a otros mientras dejas la tuya en la recámara, ayúdate. Mírate al espejo y sé honesto contigo mismo. Mientras salvas a otros dejas tu vida a buen recaudo. ¿Quieres la medallita? Dátela tú mismo, puedes hacerlo. No necesitas a nadie para que te la de. Observa todos esos consejos que das y pregúntate qué consejos te darías a ti mismo, después escríbelos:

...

_______________________________________

_______________________________________

_______________________________________

_______________________________________

_______________________________________

_______________________________________

_______________________________________

_______________________________________

Antes de quejarte de que no te queda tiempo para ti, párate y dite la verdad. El salvador se hace cargo de otros hasta tal nivel que es capaz de auto-abandonarse a sí mismo. Si estás saturado en esa situación pregúntate:

¿De qué manera puedo salvarme a mí mismo?

...

_______________________________________

_______________________________________

_______________________________________

_______________________________________

Hacer este ejercicio te honra, tener humildad también es ser consciente de que no eres Dios para ir por ahí salvando a quien se presente. Ser conocedor de tus flaquezas y necesidades es un punto a favor en tu proceso de desarrollo personal. Permitirte ser cuidado por otro también lo es. Aceptar y amar tus carencias te engrandece como persona, abriéndote a posibilidades que antes el ego te impedía ver.

No es tan sencillo ver y ser consciente de los roles que desempeñas, incluso de si eres o no un vampiro emocional. Muchos de tus papeles se configuran en los pilares más profundos del carácter desde tu más tierna infancia, están tan grabados en tu inconsciente que pasan desapercibidos. Por ello, no hay mejor regalo que puedes hacerles a tus hijos que sanarte como padre o madre trascendiendo este triángulo.

Las personas con fuertes carencias de la infancia dañan a sus hijos desde sus propias heridas. Nadie puede dar lo que no tiene, un niño pequeño necesita amor para crecer y vivir sano y fuerte. Cuanto más hayas sanado esas heridas, más amor podrás dar a tus hijos. En caso contrario, tus emociones resuenan sistemáticamente con tus pequeños; no es tu hijo, es tu niño interior no sanado.

...

Sana a ese pequeño para dejar de responsabilizar a tus hijos de asuntos que son tuyos; aprovecha esta lectura y suelta lo que ya no te pertenece, deja los abusos, gritos, enfados, exigencias y conductas propias de un niño frustrado ejercidas por un adulto que no ha crecido.

Dale amor a tu niño interior para que tus hijos crezcan con estima personal y autoconfianza, tan importantes para conseguir lo que se propongan. Ayúdate y ayuda a tus hijos. Haz los ejercicios con honestidad, con amor, te lo debes.

...

Has aprendido tres roles más, son siete hasta ahora los que llevas. Todos ellos disfuncionales en las relaciones interpersonales establecidos a través de la comunicación.

¿Cómo trascenderlos?, ¿Cómo encontrar el equilibrio en tus relaciones con los demás?

...

Con amor, perdón, integración y conciencia. En este libro tienes pautas y estrategias para trascenderlos. Primero mira dentro de ti, deja de mirar fuera. Para trascender este triángulo has de ir curándote a ti mismo, trascendiendo tus capas, soltar, para ir bien ligerito por la vida y poder relacionarte desde el amor, algo que sólo consigues limpiando la mente de todo lo que proyecta fuera.

Para poder trascender y operar desde el amor, haz un profundo ejercicio de honestidad, mira lo que no quieres ver.

**"Quien mira hacia fuera sueña, quien mira hacia dentro despierta"**

Despierta mirando hacia dentro y ten el valor de vértelas contigo mismo, sólo así podemos trascender.

La prueba de que algo está sanado es que sientes paz en tu interior. No vale saberse la teoría, hay que integrarlo en la práctica, la vida y el alma. Para restaurar una casa que está destruida primero hay que quitar todo el escombro, lijar las paredes, igualar el estucado, arrancar el papel que se ha levantado de la pared, porque si pintas encima, sin lijar, se estropeará, será un parche temporal. Al cabo del tiempo se volverá a despegar el papel que estaba mal pegado estropeando la parte que no estaba lijada. Aunque hayas pintado encima, no te coloques otro disfraz, sé inteligente y sánate. Vuelve a ti, vuelve a casa, medita, conecta contigo, vuelve a tu ser, lo tienes todo.

Caminemos juntos hacia dentro, veamos la llave maestra del comunicador funcional, una herramienta llamada asertividad.

# 4. LA LLAVE DE LA COMUNICACIÓN FUNCIONAL, LA ASERTIVIDAD

Primero vamos a definir el concepto de asertividad:

Ésta se define como un tipo de comunicación directa, clara y honesta, a través de la cual el que se comunica hace respetar sus derechos al mismo tiempo que respeta los derechos de los demás. Se trata de una estrategia de comunicación practicada por aquellas personas que poseen un nivel de equilibrio considerable y que, gracias a ello, es más sencillo para ellas aplicar; no sólo por poseer la empatía necesaria, sino por su capacidad de autorregulación emocional, cualidad que se consigue habiéndose trabajado el ego a uno mismo considerablemente.

A este tipo de personas no les cuesta ajustar las estrategias asertivas a la práctica sobre el terreno, no porque lo hayan estudiado, sino porque emocionalmente están en su centro, saben lo que quieren y se respetan a sí mismas, por lo tanto poseen la capacidad de respetar a los demás.

...

Podemos definir la asertividad como una forma de comunicación a través de la cual una persona habla desde su voluntad, desde sus derechos, sin herir a los demás y sin violar los derechos de los demás, teniendo como meta expresar sus ideales y ejercer sus derechos. Podríamos situar la asertividad como un punto medio dentro de un segmento delimitado por dos comportamientos tóxicos polarizados: en un extremo la pasividad y en el otro la agresividad. En la mediatriz se encuentra la asertividad.

Quedando una estructura como la siguiente:

Polarizada a la izquierda, la persona pasiva posee un perfil de comunicación inhibido. Grosso modo calla, es sumisa, tiene baja estima de sí misma y poco contacto con la realidad de sus derechos, deseos y necesidades. Pero si las tiene, las sitúa en un lugar "por detrás" a las necesidades de los demás. Considera que es menos importante que los demás y que su opinión no vale tanto como otras. Suele tragar lo que piensa o siente por miedo a lo que otros piensen.

...

En el otro extremo, la persona agresiva se sitúa en la polaridad con perfil agresivo. Es activa, habla sin escuchar, considera que su opinión es la única que vale. Cree que debe ser primero ella y que el resto debe acatar sus órdenes. No escucha a los demás ni respeta sus sentimientos y emociones, salvo si van a favor de su propia opinión.

...

Una persona que se identifica con un rol pasivo y calla, cae fácilmente en la agresividad.

¿El motivo?

Un día explota todo eso que calló comunicándose de malas maneras, pasando a convertirse en una persona agresiva. Si esto te sucede, quiere decir que te encuentras polarizado, con comportamientos bien pasivos y sumisos o bien agresivos. Bailas entre ambos.

...

La asertividad opera cuando te das permiso a expresar lo que sientes sin miedo, cuando dices aquello que deseas sin reparo a lo que piensen los demás porque sabes que eres importante y tus necesidades y deseos también. También eres asertivo cuando puedes hablar desde la paz, sin explosiones agresivas porque has sanado tu equilibrio y eres capaz de comprender que el otro es otro y que no va contra ti, simplemente es diferente.

...

Para profundizar en el funcionamiento de las personas asertivas, lo más destacable es conocer los paradigmas que hay detrás de cada uno de los perfiles del segmento. Para que se vea gráficamente, vamos a ver qué se dicen a sí mismas, en sus mentes, las personas pasivas o sumisas, agresivas y asertivas. Toma conciencia de lo poderoso que es el lenguaje con el que te hablas y de cómo opera en tus paradigmas mentales y comportamientos sociales. Así, tú mismo puedes situarte en el lugar que sientes que estás y tomar conciencia de qué te dices, tanto consciente como inconscientemente.

Estudia los paradigmas del lenguaje que está operando detrás de la persona asertiva, con unas emociones equilibradas, para que los puedas ir integrando en ti y hacer tuyos a tu manera.

Presta absoluta atención:

La persona sumisa o pasiva piensa que los demás van antes que él, su ego cree que el otro es superior, suele asumir la opinión de los demás y ocultar la suya por miedo a no ser aceptado; expresa sus emociones en función de lo que él quiere que los demás piensen de él. Siente que los demás son superiores, por lo tanto cree que tienen el poder de rechazarlo, si esto sucede, se genera un gran dolor emocional dentro de sí, por lo que se anula a sí mismo ante su expectativa de poder ser rechazado.

...

No critica, hace comentarios positivos, digamos que es una persona "bienqueda", que no sabe ponerse en su lugar cuando toca. Alaba a los demás, excluyéndose a sí mismo, no sabe exigir sus derechos, en ocasiones ni si quiera es consciente de que los tiene. Muestra falta de confianza en sí mismo y se culpabiliza de sus errores, a veces incluso de los errores ajenos. En este caso, opera el mecanismo de "todo es culpa mía", lo mío y lo de los demás.

...

En cambio, en el estilo agresivo, los paradigmas que operan a nivel inconsciente son opuestos:

El individuo cree que el otro es inferior, impone su opinión e ignora la de los demás, suele ocultar sus emociones o las exagera, hace críticas siempre negativas. En este caso, el estilo agresivo estaría vinculado al perseguidor y el estilo pasivo, generalmente a la víctima. El agresivo impone sus derechos sin tener en cuenta los derechos de los demás, muestra exceso de confianza, e incluso orgullo, vanidad, y nunca asume sus errores, culpabiliza siempre a los demás.

...

El rol y el contrarrol en estos dos perfiles queda patente en el reparto de pesos de manera no equilibrada: por un lado, el agresivo no asume su propia responsabilidad, echando balones fuera; por el otro lado, el pasivo se echa la culpa de todo, tanto de su parte como de la parte del otro. De este modo hay un equilibrio desequilibrado pero ambos roles cumplen con su cometido y se crea estabilidad en el sistema de relación.

...

Para trascender este tipo de relaciones disfuncionales, lo primordial es trascender las heridas del alma, las carencias o agujeros en el campo emocional para que no se "cuelen" contrarroles que perpetúen tu rol disfuncional.

**Necesitas mirar detenidamente dentro de ti para saber, por un lado, dónde terminas tú y, por otro, para darte cuenta de dónde comienzan los demás.**

Una persona muy dañada emocionalmente, dentro de sus propios paradigmas, interrelaciona su yo con el de otros; con lo cual desconoce dónde termina él y dónde comienzan los demás, confundiendo sus propias emociones con las de su cónyuge, amigo, familiar, etc.

...

En el estilo asertivo, el equilibrado, opera el paradigma: primero yo pero también los demás.

Las personas acostumbradas a claudicar, a ponerse por debajo de los demás, sienten que son egoístas cuando comienzan a poner en práctica este paradigma. Existen luchas interiores a este respecto, pensando que quizá el asertivo es egoísta. Nada más lejos de la realidad, cada uno de nosotros es responsable de sí mismo, por lo tanto ha de ser el primero en su toma de decisiones si desea mantener su equilibrio. Eres importante, los demás también, pero primero eres tú, recuerda que sólo se consigue el equilibrio cuando eres capaz de situarte en el centro de tu vida.

Si una persona no está bien, si no está centrada, si no está en su lugar, no puede respetarse a sí misma y, por ende, tampoco a los demás. Las fichas del puzle han de cuadrar.

Vamos a verlo con un ejemplo:

Imagina que alguien va a pedirte algo que no quieres hacer. Tú eres una persona pasiva. Como te da miedo decir que no, le dices al otro que sí. Sin embargo, haces lo que te pide a regañadientes, criticándole, además, por detrás.

Por si fuera poco, también "te la guardas" para pedirle algo a cambio más adelante.

...

Cuando llega el momento y le pides eso que guardaste, te enfadas con ella si no te lo da, afirmando: "con lo que yo he hecho por ti y así me lo pagas".

...

Esperas una compensación por hacer algo que no querías hacer.

¿Te das cuenta del rol disfuncional?, ¿Te das cuenta de la cantidad de desgaste emocional, de tiempo y de energías?, ¿No es más funcional ser honesto y decir que no con respeto?

...

Lo más importante es que te pongas en contacto con tus propias emociones y sentimientos, mucho más sano para todos.

Si alguien te pide algo y tú no quieres hacerlo, con mucho amor y cariño le dices que no, te respetas y no te haces daño, ni a él tampoco.

**Honras tus sentimientos y a la otra persona le das la oportunidad de conocerte y de saber qué te gusta o qué necesitas para poder respetarte.**

Recuerda esto siempre: primero has de estar bien tú para poder contemplar a los demás, principalmente porque te estás contemplando a ti mismo, es así como puedes ver a los demás.

...

Siguiendo con los paradigmas interiores, la persona asertiva cree en su fuero interno:

"El otro es igual que yo"

Ni es superior, ni es inferior, es igual, con lo cual es capaz de honrar a la otra persona porque se honra a sí misma, es una consecuencia del paradigma. Si yo me doy la importancia que tengo y respeto mis sentimientos, también seré capaz de ver los sentimientos de los demás y de respetarlos, ésta es la única manera. Así, puedo poner un límite a otra persona con amor, sin enfados, o decirle que "no" cuando realmente no quiero hacer algo. Puedo expresarme desde un lugar emocionalmente sano, sin la necesidad de justificaciones ni culpabilidades.

...

Insisto, si te honras a ti mismo, puedes honrar al otro. Y la única manera de hacer lo primero es tomar conciencia de lo que vales, el contacto contigo mismo es la vía, así te haces de valer y valoras a otras personas.

Al actuar desde un lugar de autorrespeto, le haces ver lo que vales al otro, te colocas en tu sitio y lo colocas a él también de rebote. La persona asertiva expone su opinión y escucha la de los demás, porque cree que los demás, además de él, también son importantes; no emite juicios anticipados ni etiqueta, mantiene una postura de observación y distancia.

La persona asertiva expresa sus sentimientos auténticos, previo contacto con ellos, naturalmente. Por lo que una persona desconectada de sí misma, no puede expresar sus auténticos sentimientos dado que no sabe cuáles son.

...

Como consecuencia, tampoco puede respetarse, no sabe, desconoce cómo darse lo que necesita porque no tiene ni idea de lo que es; va por la vida como pollo sin cabeza, algo que sucede cuando no se mira donde se debe. Mirar el dolor es tan importante que permite sanar aquello que te impide ver la vida con objetividad. La persona, en este juego dramático-subjetivo, actúa desde un papel o un rol disfuncional.

Para ser asertivo primero debes sanarte, es lo primero que se debe hacer para trascender los sentimientos y emociones con los que has envuelto tu corazón, dejando de lado la conexión con el amor y el orden vital. Conéctate contigo mismo para que todo esté bien; independientemente de los acontecimientos, esto te hace sentir en paz y vivir la vida desde un lugar saludable.

...

Cuando le piden opinión o consejo, la persona asertiva realiza críticas constructivas porque opera desde el amor, no lo hace desde las emociones enquistadas del ego, es comprensiva y sabe que los demás operan lo mejor que pueden, al igual que ella.

...

Con respecto a los límites, la asertividad te permite ser capaz de defender tus derechos con eficacia y justicia. No permites que los demás abusen de ti, pues eres consciente de cuando algo es justo o injusto, piensas de un modo más equitativo y objetivo. Así mismo, incrementas la confianza y la receptividad porque estás en paz contigo mismo. Cuando cometes errores los asumes, pero intentas evitarlos en lo sucesivo, es decir, no te culpabilizas, simplemente utilizas el término "responsabilidad"; tomas tu responsabilidad y tomas tu papel, te empoderas y haces el cambio. Dejando atrás lastres emocionales derivados del machaque de la culpa a la autoestima que, por otro lado, sólo sirve para paralizarte y no avanzar.

Las personas que son asertivas tienen una personalidad activa y voluntariosa, poseen libertad de expresión porque están en contacto con lo que sienten que merecen y saben que tienen todo el derecho a sentir y a pensar lo que sienten y piensan. Por lo tanto, cuando hablan lo hacen desde una comunicación directa sin miedo y sin vergüenza, simplemente expresan lo que sienten desde el amor y piden lo que desean.

Por todo lo anterior, suelen ser respetadas por los demás, pues éstos se sienten respetados. Se les atribuye prestigio, dado que las personas conectadas consigo mismas transmiten algo sólido a los demás. Son personas que se conocen bien y que se han dado la licencia de sanar sus heridas; aceptan sus limitaciones, las conocen y las admiten. Esa capacidad de compasión es transmitida al exterior, por lo que son percibidas como confiables, motivo por el que las personas de su alrededor suelen contar con ellas a menudo.

...

Saben decir que sí o que no en los momentos adecuados y a las personas adecuadas, saben lo que necesitan y se lo dan a sí mismos, sin pedirlo ni exigirlo a nadie. Se aseguran de ser justos consigo mismos y con los demás; si necesitan algo lo piden, sin ningún tipo de vergüenza o culpa y lo hacen con claridad, desde el amor y el respeto, aceptando que se les dé un no por respuesta.

...

Igual que aceptan las críticas, también los elogios y, dependiendo del tono de éstos y aquéllas, saben diferenciar la intencionalidad con la que se les hacen dichos comentarios. Conocerse a uno mismo y trascender sus heridas es muy beneficioso para adquirir capacidades intuitivas de este tipo, para tomar la vida en mayúsculas y para jugar en el proceso de la misma.

A tenor de todo ello, puedes preguntarte a ti mismo:

¿Cuántas veces te han dicho un elogio y te has ruborizado afirmando que no es para tanto, no lo has tomado, o has intentado ser modesto excusándote?

Recuerda y escribe esas ocasiones:

_______________________________________________

_______________________________________________

_______________________________________________

_______________________________________________

_______________________________________________

¿Qué emociones sentías?

_______________________________________________

_______________________________________________

_______________________________________________

_______________________________________________

_______________________________________________

Reflexiona si te sentías merecedor de lo que te decían,

¿Te sentías merecedor?

_______________________________________________

_______________________________________________

_______________________________________________

Cuando eres asertivo aceptas los elogios con ecuanimidad y expresas tus sentimientos de gratitud abiertamente, no tienes miedo al rechazo, ni te sientes inferior. Sabes que cada ser humano es único, valorándote a ti mismo y a los demás por lo que cada uno es. La autoestima es la base de la asertividad y de las relaciones sanas.

**El asertivo es diestro a la hora de comunicarse, acepta la diversidad y evita en todo momento la crítica destructiva. Se comunica a un nivel verbal, emocional y simbólico con autoridad, defendiendo los fines que persigue con respeto, tolerando la disparidad de opiniones o intereses ajenos.**

**Atrévete a hacerlo!**

...

Continúa leyendo, en el siguiente apartado te ofrezco algunas herramientas y estrategias para ello.

## 4.1 Herramientas, estrategias y derechos asertivos

A continuación vas a conocer algunas herramientas y estrategias asertivas que te ayudan a relacionarte de un modo sano y respetuoso, hay muchísima bibliografía al respecto que puedes consultar, por ejemplo "La Asertividad"[5] de Olga Castanyer.

---

5  CASTANYER,O. La Asertividad: expresión de una sana autoestima. Desclee De Brouwer, 2014.

Puedes utilizar la asertividad de muchos modos, es una herramienta que se expresa a través del modo en que te comunicas, tanto verbal, como no verbalmente.

Por ejemplo, la asertividad positiva es una herramienta que se utiliza cuando quieres expresar algo positivo a otra persona, es decir, darle un refuerzo positivo.

Cuantas veces nos enfocamos en los errores que cometen los demás, obviando todos aquellos actos positivos que han llevado a cabo. El enfoque fomenta que sigas viendo más de lo mismo, más de lo que hay allí donde pones el foco. Si es en el error, eso verás; en cambio, si es en el refuerzo más de eso encontrarás.

...

¿Alguna vez te has parado a pensar en ello?, ¿Ves lo positivo o te limitas a criticar enfocándote únicamente en los defectos de la otra persona?, ¿Refuerzas positivamente a tu pareja, a tus hijos o a cualquier otra persona cuando hacen algo bien?, ¿Lo ves, te fijas en ello?

...

Haz el siguiente ejercicio, cambiar tu enfoque te cambia la comunicación neuronal, genera serotonina siendo positivo. Reflexiona y responde honestamente: ¿Qué cosas hacen bien tus seres queridos?

...

Enuméralas y escríbelas por personas:

________________________________________________________

________________________________________________________

________________________________________________________

---

---

---

---

---

---

---

---

---

---

Dejo estas líneas superiores para que hagas un trabajo de observación y anotes aquellas cosas que hacen bien esas personas. Después es momento de utilizar las siguientes afirmaciones para comunicar y transmitir el refuerzo positivo a cada una de ellas:

"Me gusta como lo has hecho"

"Te agradezco que te hayas acordado de mí"

"Te considero valioso para mi"

"Te quiero", " Te amo", "Gracias", etc.

Puedes utilizar la que quieras, una combinación de ellas o una variante dependiendo del contexto, te dejo libertad de expresión.

...

Piensa en cada una de esas personas y escribe la frase que te gustaría decirle a cada una de ellas. Después escríbela:

_______________________________________________

_______________________________________________

_______________________________________________

_______________________________________________

_______________________________________________

_______________________________________________

_______________________________________________

_______________________________________________

_______________________________________________

_______________________________________________

Cuando las tengas, tendrás que buscar, para cada una de ellas, el momento adecuado para expresar la frase.

Escribe cuál puede ser un buen momento para transmitir a cada uno de tus seres queridos tu asertividad positiva:

_______________________________________________

_______________________________________________

_______________________________________________

_______________________________________________

_______________________________________________

---

---

---

---

---

---

...

Cambiando de tercio, a veces, podemos vernos pisoteados por otras personas. Si te has dado cuenta de que te interrumpen, te descalifican o desvalorizan, has de saber que necesitas estrategias para levantarte. Veamos en qué consiste y cómo te puede ayudar la respuesta asertiva espontánea:

"Deja que termine y después hablas tú".

Es un ejemplo de respuesta que te ayuda a hacer consciente lo inconsciente. Verbalizas la conducta emocional de ambos. Hazlo de una manera relajada sin acritud, así surtirá efecto.

...

También puedes expresar que no necesitas que te digan lo que es tu responsabilidad hacer o lo que no te gusta, por ejemplo:

"No me gusta que me critiques".

He aquí otra opción de respuesta.

Es muy importante que estas respuestas sean con seriedad, con tranquilidad, de una forma firme y clara, no agresiva. En líneas sucesivas tienes pistas para trabajar las emociones en tu comunicación interpersonal. Pero recuerda siempre: más allá del contenido de lo que tú digas o de las estrategias de asertividad que utilices, lo importante será el cómo lo digas, es decir, el lugar emocional desde el cual lo hagas. Puedes tirar por la borda toda una estrategia asertiva si te comunicas con gritos y desprecio o desde la sumisión y la pasividad sin firmeza.

...

Hay veces en que las personas con las que hablas no se dan por aludidas ante tus mensajes asertivos porque están atrapadas en su emoción, en este caso puedes aumentar gradualmente, con paciencia y firmeza, tu respuesta inicial. También puedes utilizar la respuesta asertiva empática, consistente en ponerte en el lugar de la otra persona para darle a entender que conoces su punto de vista y lo entiendes, pero con el fin de hacerle entender el tuyo.

...

Es importante empatizar con el otro para que tu interlocutor se abra a escucharte, es la única manera de conseguirlo si la persona con la que hablas está cerrada en sí misma. Con lo cual es una buena herramienta para hacerte entender cuando te das cuenta de que el otro no empatiza contigo.

...

También puedes utilizar frases clave para aplicar la asertividad en un momento de discusión. Por ejemplo, hacer ver a la persona cómo te sientes pero sin juzgarla, explicándole que cuando te habla mal o te grita, te hace sentir mal o de tal manera. Tras esta explicación, le puedes hacer una sugerencia, por ejemplo:

"Si moderas tu forma de hablar o el tono de voz, yo te podré escuchar mejor y podré entenderte de mejor manera".

...

Cuando estás inmerso en un conflicto puedes utilizar otras estrategias. Por ejemplo, si alguien te está gritando mucho o ya está muy desbocado, te sugiero que no discutas, que le hagas ver a la otra persona que está enfadada, que no te escucha y que es normal, porque se encuentra en un secuestro emocional. Por lo tanto, es importante comentarle que eres consciente de cómo se encuentra, puedes interrumpir y sugerirle que podéis hablar en otro momento. Lo adecuado aquí es posponer la conversación.

Si la otra persona insiste en seguir hablando y continúa su "enganche" emocional a la ira, lo más recomendable es que des un "paso atrás" y pospongas firmemente la conversación para otro momento en el que las emociones estén más calmadas. Irte con respeto es el mejor consejo que puedes llevar a cabo.

Sí, por el contrario, estás ante una persona pasiva, sumisa, le puedes decir lo siguiente: "Como no te expresas claramente no sé qué necesitas y no puedo ayudarte, por favor, ¿podrías expresarte con más claridad?"

De esta manera le indicas que es necesario que se exprese con mayor contundencia, el motivo: que no le comprendes. Las personas pasivas se expresan con carencias informativas, dando por supuesta información no dicha, utilizan muchos silencios. Emocionalmente están escondidas, con lo cual puedes "darle un empujón" a modo de ayuda expresando la verdad de lo que sientes cuando te comunicas con ella.

...

Ahora quiero que conozcas lo que es y en qué consiste el "secuestro emocional" del que te he hablado en líneas anteriores:

Se trata de un fenómeno que se produce, como bien dice la palabra, porque se secuestra una emoción. Como seres humanos nos diferenciamos de los animales por el neocortex cerebral, una fina capa que envuelve nuestro cerebro y que nos permite pensar con lógica y raciocinio. Es lo que nos permite tener autocontrol ante una situación emocionalmente complicada.

Esa fina capa deja de funcionar cuando las personas sufrimos un secuestro emocional, en cuyo caso, nuestro cerebro más primitivo, el reptiliano, toma el mando del propio cuerpo secuestrándolo con una emoción, bien sea ira, tristeza, adrenalina, etc. Es decir, la emoción te embriaga de tal modo que, para ti, es imposible pensar en ese momento con claridad; en ocasiones, ni si quiera te permite pensar, sólo sentir.

**Un secuestro emocional saca tu parte más animal.**

...

La consecuencia de sentirte muy iracundo, por ejemplo, es que desaparece tu capacidad simbólica de razonar y de cognición, de expresarte con calma. Cuando hablas con una persona secuestrada y pretendes que te entienda o te escuche en medio de ese secuestro, me temo que va a ser imposible. No hables con esa persona, no lo intentes, aplaza la conversación para un momento en el cual puedas hacerte entender, en el caso de que el secuestro sea tuyo; o aprovecha un momento en el cual puedas hacerla razonar, en el caso de que el secuestro sea del otro.

En definitiva, habla cuando seas capaz de controlar mejor esa situación, máxime si eres tú mismo el que se encuentra inmerso en un secuestro emocional.

No intentes razonar con alguien que tenga un secuestro emocional porque no lo vas a lograr, es imposible. Si eres tú el secuestrado, vete y no intentes hablar, posterga la conversación para después, sino probablemente digas algo de lo que te arrepientas.

...

A continuación vas a ver estrategias asertivas que puedes utilizar en las discusiones y conflictos, aunque también es muy importante que tomes conciencia de los propios automatismos reactivos que tienes, tanto tú como tus interlocutores.

Por ejemplo, si ves que tu hijo, tu marido o alguien ha hecho algo mal, ¿cómo respondes a nivel verbal y no verbal?, ¿Cuál es tu automatismo?:

¿Pegas la bronca diciéndole lo mal que ha hecho las cosas, le haces sentir culpable, o utilizas estrategias que te ayuden a que lo haga mejor y de una manera más enriquecedora y positiva?

...

Piensa y escribe tu automatismo:

_______________________________________________

_______________________________________________

_______________________________________________

_______________________________________________

_______________________________________________

------------------------------------------------------------

------------------------------------------------------------

------------------------------------------------------------

------------------------------------------------------------

------------------------------------------------------------

Una vez has tomado conciencia de tu automatismo es hora de aprender una valiosísima estrategia al respecto muy efectiva que se aplica en los procesos educativos:

## 1. Estrategia del Sándwich

La estrategia del "sándwich" te ayuda en este tipo de situaciones, es muy útil para la educación de los hijos y para la motivación de personas.

En primer lugar, visualiza qué ha hecho mal la otra persona y cuál es el comportamiento por el cual quieres sustituir el erróneo. En segundo lugar, haz un balance de las cosas que sí ha hecho bien, cosas que tengan que ver con lo que ha hecho mal. En tercer lugar, establece un discurso alternado.

A continuación la secuencia:

En primer lugar, te dispones a hablar con la persona en un momento de tranquilidad y receptividad. Abres la conversación con un refuerzo positivo, indicando a esa persona algo que hace bien sobre el tema del que quieres dialogar, le expresas algo que te gusta de lo que hace, algo que para ti hace muy bien, le felicitas incluso.

En segundo lugar, le comentas aquello que te gustaría que mejorase, siempre relacionando la información con el fallo cometido o asunto en cuestión, expresando qué es lo que sientes que, de alguna manera, no ha hecho bien, desde el cariño y el respeto, con asertividad. En ese mismo instante le das las indicaciones oportunas que puede poner en marcha para solventar la situación y mejorar el resultado.

En tercero, cierras la conversación con otra cosa positiva sobre su forma de ser o comportamiento que le impulse a llevar a cabo tus indicaciones y para dejarle un buen sabor de boca.

Por ejemplo:

Eres muy bueno eligiendo el color para pintar ese cuadro. Cuando lo hagas, observa bien las líneas para no salirte, pinta hasta la línea, así tus dibujos se verás más bonitos. Tienes un gran don para dibujar.

...

Al utilizar esta estrategia consigues algo muy importante en primera instancia: que la persona se abra a escucharte. Algunas personas, cuando ven que alguien ha hecho algo mal, van directos a decírselo o a pegarle la bronca, hablando con una fuerte carga emocional. Ante este comportamiento, la otra persona se siente atacada y se provoca un automatismo de cierre, entonces no te escucha.

...

Es mucho más productivo utilizar el amor, expresando qué ha hecho mal y orientar la conversación a una resolución mejor. Dando un refuerzo para que se abra, diciendo algo positivo, la otra persona te va a escuchar atentamente y mejor. Puedes cerrar la conversación con algo bueno para que se quede con un recuerdo positivo, de esta manera le estás dando gasolina para que se transforme y evolucione, es altamente recomendable con los empleados y con los niños. Muy motivador.

...

## 2. Técnica de la Repetición

La técnica consiste en repetir el mismo argumento una y otra vez, de forma tranquila y sin entrar en discusiones. Se pone en práctica cuando ves que alguien insiste en algo que no deseas o no quieres hacer. Se trata de insistir de la misma manera pero muy pausadamente.

Por ejemplo, alguien te pide que asistas a un evento al que no deseas asistir. Puedes responder con esta técnica del siguiente modo:

Se ve muy interesante, gracias, pero no asistiré.

...

Trata de repetir el mismo argumento una y otra vez de forma pausada y tranquila, sin entrar en discusiones, manteniendo un estado pausado y tranquilo en ti.

**No necesitas justificarte.**

No sobreactúes porque no funcionará, ya que tus propias vibraciones y emociones rechinan con las del otro y esto se percibe directamente a un nivel inconsciente. Recuerda que la comunicación no verbal es el 80% de la comunicación. Respira y relájate, cuando te hayas calmado, entonces a por ello!

Si ves que necesitas un espacio para calmarte, entonces vuelve a la técnica de posponer la conversación. Si, por cuestiones contextuales, te es imposible, entonces ofrece la excusa de que necesitas ir al baño. Ve, lávate la cara, incluso haz pipi, esto ayuda a tu relajación. Aprovecha para hacer varias respiraciones profundas por el camino. Cuando vuelvas podrás comunicarte desde un lugar más equilibrado.

...

## 3. Técnica de la ambigüedad

Una estrategia a través de la cual se le da la razón a la otra persona pero evitando entrar en mayores discusiones, es decir, se le dice en un tono de voz calmado y convincente que lleva parte de razón en lo que dice. No se trata de "dar la razón como a los locos", sino de ceder comunicativamente con respecto a una parte de sus argumentos, con el fin de que relaje su "enganche", baje las defensas y se abra a escuchar aquello que deseas comunicarle.

Por ejemplo si alguien ve blanco una cosa que es azul, puedes afirmar que lleva parte de razón en el componente blanco de eso que es azul, puedes buscar incluso la parte, con el fin de sacarlo de su cabezonería.

...

Estrategia que puedes aplicar cuando ves que el otro está empecinado en su punto de vista y no desea ver más. Lo haces para no discutir pero no por ello cedes o cambias de opinión. Se hace porque observas que el otro está secuestrado emocionalmente.

...

## 4. Técnica del Aplazamiento

Aquí se pospone la discusión para otro momento, cuando se controle más la situación. Tal y como hemos visto en líneas anteriores. Si te encuentras desbordado, lo mejor es posponer la discusión, si quieres que dicha conversación llegue a buen puerto, claro está. Aprovecha esa pausa para relajarte y para elaborar mejor tu discurso.

...

## 5. Técnica de Relativizar

Hay una técnica que ayuda a darle la vuelta a las discusiones con personas queridas, trata de relativizar un poco la importancia de lo que estáis discutiendo.

Por ejemplo, si estás con tu pareja discutiendo sobre algo de poca trascendencia y la conversación comienza a subir de tono, date cuenta y toma conciencia; véase, por ejemplo estar en la cocina haciendo la comida y discutir sobre el cuchillo que debéis utilizar para cortar la manzana para la ensalada.

¿Qué es más importante, el cuchillo para la ensalada o la relación de pareja?

...

Si pones cada cosa en su lugar, verás que es mucho más importante la relación que tienes con tu pareja que discutir sobre con qué cuchillo cortáis la manzana para la ensalada. Por lo tanto, en este caso, puedes hacer ver a tu pareja que es más importante no entrar en discusión, que no lleva a ningún lado esa disputa; la discusión no tiene tanta importancia como le estáis dando. Se lo haces ver con palabras e, incluso, con gestos amorosos como darle un beso.

Esta estrategia es para los valientes con un ego trabajado, darse permiso para "ser feliz" frente a "tener razón" es algo que sólo unos pocos ponen en práctica. ¿Te atreves?

...

## 6. Técnica de Ignorar

Consiste en no seguirle la discusión a la otra persona a través del lenguaje verbal y no verbal. Se hace dejando patente que no es una desconsideración hacerlo. Por ejemplo, puede ser aplicado al caso anterior, puedes ignorar o dejar de entrar en la discusión con el tema del cuchillo con la pareja, pues realmente no es una desconsideración, es justamente todo lo contrario, estás intentando no entrar en mayores discusiones y salvar una discusión de pareja.

A nivel verbal, a modo de ejemplo, puedes decirle: está bien, dejemos de discutir por algo que no es tan importante como nuestro bienestar de pareja; a nivel no verbal puedes coger de la mano a tu pareja y darle un beso.

El título de esta técnica lleva a confusión, tenlo en cuenta. No tienes que ignorar a modo de "hacer el vacío", pues si lo haces estás cayendo en un maltrato dentro de la denominada agresividad pasiva. Se trata de utilizar todas tus herramientas comunicativas para dejar de lado un tema dañino para la relación y ofrecer, en su lugar, una salida al conflicto.

...

## 7. Toma conciencia: "SER" y "HACER" son cosas diferentes

Conocer la diferencia entre ambos términos y expresarla en tu comunicación, es un mecanismo que te ayudará a mejorar las relaciones y situaciones comunicativas en las que se establece un conflicto. Se trata de ser muy consciente a la hora de diferenciar y saber transmitir correctamente un comportamiento de un modo de ser. Por ejemplo, ante alguien que está haciendo tonterías puedes decir dos cosas: "Eres un tonto" o "Deja de hacer tonterías".

En el primer caso estás etiquetando, con lo cual la otra persona se sentirá atacada por esa generalización, seguro que no todo el tiempo de su vida (SER) se encuentra haciendo tonterías. Es decir la frase "<u>Eres</u> un tonto" no es completamente verosímil, pues engloba todo el SER de la persona, la etiqueta como tal.

...

En el segundo caso "Deja de <u>hacer</u> tonterías" haces patente el comportamiento que esa persona tiene en ese momento puntual (HACER), no el ser global; ella lo recibirá de una manera más verosímil, menos agresiva, permitiéndole espacio al cambio. Por lo que es mucho más positivo para que tome conciencia y productivo para que se produzca ese cambio.

...

Puedes utilizar las palabras como bálsamos o como cuchillos, te pueden servir para ayudar o para hundir. Es importante hacer ver a la otra persona que, aunque haya cometido un error, eso no implica que sea una mala persona. Por ejemplo, si alguien ha llegado impuntual, ha llegado tarde a algún lugar, eso no quiere decir que sea un impuntual, solamente que ha llegado tarde, quizá otras veces no lo ha hecho. Por lo que su comportamiento es impuntual, mientras que SER un impuntual es otra cosa.

Cuando acusas a alguien o te acusas a ti mismo de SER algo, estás etiquetando. Cuando te etiquetas, comienzas a crear un efecto Pigmalión. Puedes refrescar este fenómeno en el volumen II de la trilogía titulado: "Mente Despierta, Domina el Laberinto".

...

**¡Fuera etiquetas, toma conciencia de lo que es un comportamiento y diferéncialo de lo que es una forma de ser!**

**¡En esta vida todo es contextual!**

...

## 8. Técnica de la Pregunta

Aquí partes de la idea de que la crítica del otro es bienintencionada, aunque no lo sea. Es importante partir de que todos somos buenas personas, aunque realmente no lo sientas así; puedes verlo desde el punto de vista de que a veces somos inconscientes y tenemos comportamientos menos positivos. Por ejemplo, a alguien que te critica le puedes preguntar: ¿Cómo quieres que cambie para que esto no vuelva a ocurrir?

...

Para que te clarifique lo que has hecho mal, según él, y te traslade, desde su punto de vista, qué puedes cambiar y qué te sugiere. Así puedes conocer más a fondo a la otra persona. Lo cual no significa que compartas su opinión, ni hagas lo que te indica, máxime en el caso de que sientas que no es una crítica constructiva.

...

Hablar desde un lugar de respeto interior y de respeto exterior es crucial para que tengas éxito con todas las estrategias asertivas que utilices. Si observas que la otra persona te está pisando, posee mala intención real o está violando tus derechos, faltándote al respeto, puedes cortar esa situación y dejarla de lado. Sólo si sientes que hay buena intencionalidad, puedes utilizar esta estrategia de manera conciliadora y respetuosa.

...

Una vez que has aprendido herramientas y estrategias asertivas para poner en práctica en tus relaciones, has de conocer los pilares que fundamentan su puesta en marcha: los derechos asertivos. El respeto comunicativo-relacional no es algo baladí, posee su origen en el derecho y la deontología. Al igual que los derechos humanos son el pilar que fundamenta una base ética y humana del comportamiento para con otros seres, los derechos asertivos son igualmente importantes y necesarios para el bien común, para establecer relaciones que sumen y una comunicación enriquecedora entre los individuos.

Muchas de las personas de a pie, de hecho la mayoría, no conocen sus derechos, mucho menos los asertivos; es más, cuando una persona posee baja estima, a pesar de ser conocedor de sus derechos asertivos, no los pone en práctica porque se siente culpable de ejercerlos. Siente que "no tiene derecho" a autoafirmarse.

...

A continuación tienes unos cuantos derechos asertivos que te sirven para apoyar tus relaciones comunicativas, puedes encontrar muchos más pero éste es un buen comienzo. Te invito a que investigues sobre ello y a que leas al respecto, permítete mejorar tus relaciones, el modo en que te expresas, date licencia para empoderarte, es el camino para la trascendencia. Estudia estos derechos e intégralos en ti porque, por si no lo sabes todavía, tú eres el ser más importante de tu vida y debes saberlo, debes saber que el único compromiso real que tienes es contigo mismo y que, al final de tu vida, las cuentas las rindes contigo.

Derechos Asertivos:

1.  Derecho a ser tratado con respeto y dignidad.

2.  En ocasiones, derecho a ser el primero.

3.  Derecho a equivocarse y hacerse responsable de sus propios errores.

4.  Derecho a creer en sus propios valores, opiniones y creencias.

5.  Derecho a tener sus propias necesidades y que éstas sean tan importantes como las de los demás.

6.  Derecho a experimentar y a expresar los propios sentimientos y emociones y ser su único juez.

7.  Derecho a cambiar de opinión, idea o línea de acción.

8.  Derecho a protestar cuando se es tratado de una manera injusta.

9.  Derecho a cambiar lo que no nos es satisfactorio.

10. Derecho a detenerse y pensar antes de actuar.

11. Derecho a pedir lo que se quiere.

12. Derecho a ser independiente.

13. Derecho a superarse aún superando a los demás.

14. Derecho a que se reconozca un trabajo bien hecho.

15. Derecho a decidir qué hacer con mi propio cuerpo, tiempo y propiedades.

16. Derecho a hacer menos de lo que humanamente se es capaz de hacer.

17. Derecho a ignorar los consejos de los demás.

18. Derecho a rechazar peticiones sin sentirse culpable o egoísta.

19. Derecho a estar solo aún cuando otras personas deseen nuestra compañía.

20. Derecho a no justificarse ante los demás.

21. Derecho a decidir o no si uno quiere responsabilizarse de los problemas de otros.

22. Derecho a no anticiparse a las necesidades y deseos de los demás.

23. Derecho a no estar pendiente de la buena voluntad de los demás.

24. Derecho a elegir entre responder o no hacerlo.

25. Derecho a sentir y expresar el dolor.

26. Derecho a no comportarse de forma asertiva o socialmente hábil.

27. Derecho a vulnerar de forma ocasional algunos de los derechos personales.

28. Derecho a hacer cualquier cosa mientras no se violen los derechos de otra persona.

29. Derecho a tener derechos.

30. Derecho a renunciar o a hacer uso de estos derechos[6].

*"Si sacrificamos nuestros derechos con frecuencia, estamos enseñando a los demás a aprovecharse de nosotros."*

**P. Jakubowski**

---

6  Extraído de https://www.academia.edu el 24 de Octubre de 2018.

Como ves, se trata de derechos que no se conocen abiertamente, aunque sería más que recomendable que fuesen estudiados en los colegios.

Algunos de ellos incluso te sorprendan. Observa, mientras los lees, cuál de ellos te resuena interiormente, cuál de ellos te genera rechazo o cuál de ellos te genera una sensación de enfado porque algo de ti hay en ese derecho que te estás impidiendo ejercer.

...

Respétate y podrás respetar a los demás, cuando no respetas tus derechos, no puedes respetar a las demás personas.

**El respeto por uno mismo es lo más importante que podemos darnos a nosotros mismos a lo largo de la vida.**

**Si no te respetas a ti mismo, no te estás viendo y eso implica que impides que los demás te vean.**

Date a ti mismo lo que necesitas y la vida te dará lo que quieres, respétate tú, y la vida pondrá a tu alrededor a personas que te respeten, valórate tú y la vida pondrá a tu alrededor circunstancias que te valoren. Lee con detenimiento estos derechos, este libro, estúdialo y haz los ejercicios. Estando comprometido contigo mismo obtienes resultados.

Para aprender a elaborar adecuados diálogos comunicativos, sigue leyendo en líneas sucesivas. Un buen resultado se obtiene elaborando un buen argumento.

...

## 4.2 Proceso práctico de comunicación asertiva, el ego a tu servicio

Si deseas tener un comportamiento asertivo, éste es tu momento!

Aquí dispones de un proceso que he elaborado especialmente para ti con el fin de que puedas practicar este comportamiento. Ya te aviso e insisto y no me cansaré de decírtelo, de que lo primero y más importante para la comunicación sólida y eficaz es sanar, sanar tus heridas. Si así lo sientes, vuelve al libro anterior en la saga: "Mente Maestra: Domina el Laberinto" y acude al apartado "heridas emocionales", también puedes leer el primer libro "Fortaleza Espiritual: supera la indefensión aprendida", te hará conectar con tu esencia más profunda.

...

Insiste en sanar tus emociones para sanar tus paradigmas interiores, destensiona emociones ocultas y amplía la longitud de tu "mecha" de reactividad. Cambia tus creencias y cambia tu concepto, sánate, si no eres asertivo es porque el lenguaje interior que está operando en tu mente no es el adecuado, te estás desvalorizando, te estás hablando de una manera negativa. Estas claves sirven para concretizar una conversación con alguien o un objetivo que tú tengas a nivel de comunicación. Se trata de un proceso secuencial que has de llevar a cabo paso a paso. Comenzamos:

## 1. Definición del objetivo comunicativo

Jamás olvides esto:

**Toda comunicación posee una intención**

En primera instancia, debes establecer un comportamiento "previo", lo primero es pensar y definir previamente tu objetivo comunicativo, ¿Qué es lo que quieres comunicar? Aquí debes identificar la situación que tienes, tus sentimientos, necesidades y deseos, así como tu objetivo a cumplir.

¿Qué deseo conseguir con mi interacción comunicativa?

______________________________________

______________________________________

______________________________________

______________________________________

______________________________________

______________________________________

En segundo lugar, debes buscar el <u>momento adecuado</u>, si vas a hablar con alguien, primero has de saber tu disponibilidad y la de tu interlocutor para aprovechar el mejor momento. Debes ser inteligente para elegir el momento adecuado. Es crucial que elijas bien, el momento adecuado te ofrece la posibilidad de "ganar" en un alto porcentaje. Observa en qué momento del día la otra persona suele estar más receptiva, cuándo posee un rato libre, en qué momentos se encuentra más distendida.

...

¿Cuántas veces has esperado a tu pareja enfadado o enfadada en casa?, es más, ¿cuántas veces vomitaste a tu cónyuge todo lo que te molestaba nada más verla?

...

En una situación como esta el momento adecuado lo rompiste, no tuviste en cuenta la situación emocional. El momento adecuado se da cuando tú estás calmada y la otra persona está receptiva. Éste es el momento adecuado. Después del previo, el mayor desafío que tienes en tu diálogo es mantener el control emocional. Por ello, has de alargar la mecha de reactividad limpiando las heridas del alma, que son las que te hacen reaccionar rápido y mal. Cuanto más larga es tu mecha, más puedes mantener el control emocional.

*"Una persona con mecha larga puede escuchar al otro, sostener sus emociones, reprimir el lenguaje tóxico y ofrecer un discurso persuasivo e influyente"*

**Ana de Juan**

...

## 2. Fase de relajación preparatoria

Si tu objetivo comunicativo te provoca mucho descontrol emocional, te sugiero que hagas algunos ejercicios de respiración; por ejemplo, uno efectivo para mantener la calma, equilibrar la energía vital y funcionar desde un lugar más sano. Veamos.

La práctica se fundamenta en la respiración abdominal y la vamos a practicar en este preciso momento. Aprovecha para conectar contigo. Ve a una habitación donde estés tranquila, prepárate, coge una mantita, pon una luz tenue, enciende una vela si te apetece, incienso,...

Siéntate, cierra los ojos, lleva toda tu atención a tu cuerpo, con amor y la intención de relajarlo...

...comienza a respirar por la nariz...

Inspira profundamente llevando el aire a la zona de bajo vientre, hazlo con calma, cariño, suavemente...

Cuando sientas que estás llena, una vez que inspiras todo el aire que necesitas llevándolo al bajo vientre, haces una pausa de un segundo manteniendo la oxigenación interior...

...A continuación lo expulsas por la boca suavemente, dejando ir todo el aire que entró...

...Cuando lo has expulsado, haces una nueva pausa de un segundo en apnea...

Después vuelves a tomar aire por la nariz llevándolo suave e intencionalmente al bajo vientre...

...de nuevo mantienes un segundo el aire y lo expulsas por boca. Cuando has expulsado por boca todo el aire, haces una nueva pausa...

A continuación otra inspiración...y así continúas con el ciclo sucesivamente...

Date cuenta, mientras lo haces, de que la energía de tu cuerpo se equilibra, lo cual te ayuda a bajar a tierra, entrando en presencia. En ese momento ya has abierto el acceso a una comunicación sana y equilibrada, sagrada, de una manera consciente, en presencia.

Entrar en un estado de conciencia es algo que te mereces ofrecer a ti mismo y a las personas con las que deseas comunicarte. Te lo debes a ti y a los demás. Si te comunicas desde este lugar, todo saldrá bien. Cuando hay conciencia, hay un "darse cuenta" de las cosas que tienes delante. Ves más, posees mayor autocontrol y estás más receptivo a sentir y a poder manejar nuevos estímulos.

...

## 3. Fase de comunicación verbal

Ahora entramos de lleno en la conducta verbal, en la materialización de lo que quieres decir, es decir, en la acción comunicativa.

Cuando ha llegado el momento de hablar, una vez que has llevado a cabo los pasos previos, que has elegido el momento adecuado y que te has relajado adecuadamente, inicias la comunicación con la otra persona. Recuerda que puedes iniciar tu conversación haciendo uso de cualquier herramienta asertiva de las que has estudiado con el fin de asegurarte la mayor receptividad por parte del otro. Por ejemplo, el refuerzo positivo. A continuación es hora de expresar tu deseo con claridad, objetivamente:

¿Qué es lo que deseo?, ¿Qué es lo que necesito?, es decir, eso que has escrito previamente desde tu sentir auténtico.

Cuando hayas expresado tu comunicación, observa los gestos, la cara de la otra persona, su comunicación no verbal. Te dará muchísima información valiosa. En base a lo que veas, adapta tu comunicación haciendo uso de las estrategias y herramientas asertivas que consideres.

Puedes repetir la comunicación, si fuera necesario, manteniendo tu estado de paz interior; lo puedes hacer las veces que haga falta, desde las maneras que necesites para hacerte entender correctamente, asegurándote de que te entiende mediante su comunicación verbal y no verbal.

Seguidamente, es momento de emitir frases de comprensión de la conducta del otro, aunque no estés de acuerdo, es decir, aceptas la opinión y los sentimientos del otro, demostrando ser empático y respetando sus derechos, también los tuyos, permitiéndote no estar de acuerdo con lo que dice. Escuchas y aceptas, no necesitas atacar ni defender tu postura en este momento. El asunto es ser empático y practicar la escucha activa, es decir, con todos los sentidos.

Es muy importante escuchar, saber hacerlo, no contraatacar (acuérdate de tu mecha). Si eres capaz de ayudarte a ti mismo con esto, llegar a un acuerdo será mucho más sencillo porque responderás con comunicación consciente y calmada.

Cuando hayas escuchado todo lo que tu interlocutor tiene que decirte y de mostrarte empático, de asegurarte que él siente que le has entendido, expresas tus argumentos calmadamente, dando tu punto de vista con asertividad. Con firmeza y respeto.

Finalmente, se trata de intentar llegar al mejor acuerdo posible para ambos. En este punto tener el ego trabajado opera a tu favor.

...

## 4. Comunicación No Verbal Consciente

En última instancia, tienes que tener en cuenta uno de los puntos más importantes en la comunicación: la conducta no verbal.

Ésta posee la mayor de las influencias en nuestros procesos de pensamiento cuando interactuamos con los demás. Es la que "decide" por ti.

**Un 80% de lo que comunicas es comunicación no verbal.**

Algunas sugerencias:

Lo primero, la mirada, cuándo vas a hablar con alguien, es clave mirar a los ojos, mirar a esa persona a los ojos y decirle lo que sientes. Mira a esa persona a los ojos para hablar con ella, conecta con ella, eso facilita y abre el canal del proceso comunicativo entre ambos.

En segundo lugar, utiliza un tono y un volumen firme, ni crispado ni sumiso. Tono y volumen firmes para no entrar en roles disfuncionales de sumisión o agresividad. Dejaste de ser víctima hace mucho tiempo, tampoco te ayuda culpar si deseas llegar a una negociación y, por supuesto, no eres el salvador de nadie. La asertividad por encima de todo.

...

En tercer lugar, ten en cuenta la expresión de tu rostro, que sea la adecuada al mensaje y al tono también, no crispado. Incluso la ropa que te vas a poner, intenta que esté adaptada al mensaje.

Si, por ejemplo, deseas hablar con tu jefe, ve con un atuendo adecuado al momento; si lo que quieres es mostrarte cercano como conferenciante, elegirás un traje no demasiado sobrio; si lo que deseas es hablar con tu hijo adolescente, pues utilizarás algo que entre en sintonía con él.

Por lo demás, volvemos a lo de siempre, libera tus asuntos interiores y conecta con tu paz, porque a un nivel inconsciente, eso se percibe de manera muy rápida, es lo primero que se percibe. En la comunicación con otra persona la parte verbal es solamente un 20%, la otra persona percibe el 80% con mayor calado, lo no verbal va directo a la amígdala, a nuestro cerebro más primitivo.

...

En cuarto lugar, ten en cuenta elementos como la proxèmica y la kinésica:

La kinésica es tu conducta corporal en la comunicación no verbal, es decir, tu apariencia y movimientos, aquí incluimos la ropa que llevas puesta, como hemos visto en el punto anterior. Por ejemplo, si tu objetivo en la comunicación es conseguir un trabajo y vas a una entrevista, deberás ponerte una ropa adecuada, comportarte de una manera adecuada, expresar lo que quieres decir de una manera clara.

En cambio, sí quieres hablar con tu pareja, intenta mantener una kinésica amable, amigable, cercana, cariñosa. Ten en cuenta que si sobreactúas sin haberte liberado previamente de tus anclajes emocionales, se hará patente tu herida y tu comunicación no será creíble, así que difícilmente podrás mantener una kinésica calmada.

...

Cuando actúas desde el amor sano de verdad, queda al descubierto en tu lenguaje no verbal y kinésico, siendo empático, capaz de estar en calma a pesar de lo que oigas, sintiendo paz interior sin apenas resonancia, haciendo tuyo lo tuyo y no quedándote con lo del otro. Puedes desidentificarte del personaje con el que alguna vez te identificaste, siendo capaz de gestionar y resolver mucho mejor la situación; esto te lo ofrece el mero hecho de tener un ego bien trabajado y sanado.

La actuación desde la herida, te atrapa en una emoción negativa, puede hacerte personalizar o tomar como personal algo que no lo es, los paradigmas de tu lenguaje interior se reflejan en tu cuerpo y en tus respuestas. Produciéndose incoherencia entre tu lenguaje verbal y no verbal. Esto es algo que no te puedes permitir cuando deseas ser influyente en tu comunicación.

...

La proxèmica, paralelamente, es la disposición de los elementos u objetos del lugar donde te encuentras en esa comunicación, así como tu relación con ellos en ese espacio. Utilizar bien la proxémica consiste en saber moverte correctamente en el espacio en el que te encuentras. Por ejemplo, si quieres hablar con tu pareja con un fin conciliador, utiliza una zona íntima de distancia; en cambio, si deseas arreglar un conflicto con un jefe, utiliza una distancia más alejada, cuidado si estás enfadado en este último caso, pues si no eres consciente, puedes atravesar la zona íntima de cercanía y provocar un conflicto mayor.

...

Volviendo al tema de tu pareja, puedes sentarte en el sofá y cogerle de la mano, comunicándole lo que deseas. Esto sería mucho más aconsejable que, por ejemplo, invitarla a que se siente en una silla frente a ti en la mesa del comedor, lo que estaría enfrentando inconscientemente la situación por vuestras posiciones.

Si quieres solucionar un asunto con tu pareja, jamás utilices una conversación no verbal o proxémica de enfrentamiento, utiliza una comunicación íntima, cercana y cariñosa en un lugar que se ofrezca a ello, por ejemplo en el sofá de casa.

Un ejemplo diferente:

Si quieres arreglar un asunto con un empleado, tu proxémica dependerá del objetivo que tengas en vuestra comunicación, así como de las posibilidades que te ofrezca el contexto. Si es alguien con quien tienes confianza o deseas generarla, puedes utilizar un acercamiento proporcionado por vuestras posiciones en la conversación.

Una mesa redonda ofrece una disposición igualitaria entre cada uno de los conversadores, con un protagonismo idéntico entre sí; una mesa cuadrada ofrece mayor distancia emocional cuando vuestras posiciones se encuentran enfrentadas (uno frente al otro). Si no dispones de una mesa redonda y deseas acercar posturas emocionales, puedes hacerlo sentándote al lado de tu interlocutor en la mesa cuadrada, es decir en el lado contiguo.

...

Si el asunto en cuestión o tema a tratar se fundamenta en una falta grave, necesitarás utilizar una comunicación no verbal y proxémica que muestre cierta autoridad, enfrentándote al otro lado de la mesa; pero si deseas, por el contrario, transmitir confianza porque el asunto es recuperable y tu objetivo es tomar una postura conciliadora, puedes sentarte al lado de la mesa junto a él. Todo dependerá de tu intención comunicativa y del efecto que quieras conseguir en tu interlocutor, así como de los resultados pretendidos para con vuestra relación profesional.

...

Matizando, para finalizar, ten en cuenta tus gestos, porque te delatan. Los micro-gestos faciales son rasgos que van directos al inconsciente de tu interlocutor, transmitiéndole tus emociones y sentimientos inconscientes, tu comunicación no verbal te deja al descubierto. Puedes desarrollar y planificar a fondo ese previo que te explico en páginas anteriores y elaborar un buen ejercicio de relajación antes de una conversación controvertida. Como has podido comprobar en esta trilogía, existen muchísimas técnicas que puedes utilizar para autorregularte. En este caso pueden ser de gran utilidad la respiración consciente y la visualización, ambas unidas entre sí.

Quiero que realices este proceso conmigo cada vez que lo necesites antes de cada una de tus conversaciones. Aprovecha esta oportunidad que te brindo:

Ejercicio de Autorregulación:

Te recomiendo que te sientes y hagas, en primer lugar, el ejercicio de respiración abdominal consciente que te enseñé en páginas anteriores; cuando alcances un adecuado estado de relajación, comienza a visualizar lentamente la situación comunicativa de la que vas a ser protagonista...

...hazlo de una manera sana y positiva, tomando aire para soltar todas las tensiones que puedan aparecer al evocar en tu mente esa situación...

...

...no luches contra nada, sólo respira conscientemente, acéptalas y sostenlas, dales un lugar...

...sigue respirando y siente cómo se rebaja tu nivel de carga emocional conforme vas aceptando y tomando dichas emociones como válidas, sin luchar contra ellas...

...al aceptarlas de manera incondicional, sientes cómo poco a poco van difuminándose, bajando la carga de resonancia, el peso emocional...

...continúa trabajando, respirando, visualizando y aceptando...

Conecta con tu máxima sabiduría interior y date permiso para que tus recursos internos te ayuden. Dilo en voz alta si te hace falta: "me doy permiso para que mis recursos internos me ayuden", "me abro a vivir esta situación desde un lugar amoroso para mí mismo"...

Cuando das permiso a que las emociones que sientes den la cara, automáticamente se disuelven. Al permitirte sentir, abres la cerradura de tu celda emocional, como si liberases, a través de un mecanismo, lo que estaba atorado dentro. Te sientes bien, más libre. Tras ser liberada, adquieres una perspectiva superior, un mayor nivel de acción y de alternativa de decisión.

...

Este ejercicio es muy liberador, sobre todo, cuando vas a enfrentarte a una situación comunicativa que te desborda emocionalmente. Aceptar tus emociones es el primer paso para liberarlas. La liberación emocional puede realizarse en cualquier situación, comunicativa o no, en la que desees soltar tu carga. Ten en cuenta que es recomendable buscar ayuda profesional cuando sientes que tu carga emocional es superior a tu capacidad para manejarla.

...

Una vez que hayas realizado tu ejercicio de liberación y te encuentres más tranquilo, es momento de preparar tu discurso comunicativo. Aquello que vas a transmitir según tus objetivos, el cómo hacerlo, así como la puesta en escena. Para ello, puedes recurrir al proceso de elaboración de discurso que ya hemos visto.

Te recomiendo que des un repaso a las herramientas y estrategias asertivas, así como a los derechos asertivos, te ayudarán a ponerte en tu sitio a la hora de expresarte desde tu autoestima.

...

# 5. DESCUBRIENDO NUEVOS HORIZONTES COMUNICATIVOS

*"Ofrece seguridad junto a tus palabras y esa seguridad te protegerá a ti"*

Sé lo que es vivir en un estado de victimismo constante y lo que se puede conseguir con ganas y esfuerzo. Tú puedes hacer lo mismo, tienes la capacidad y todo lo que necesitas para ello dentro de ti. Los recursos internos son ilimitados.

Se puede salir de todo menos de la muerte y, a veces, de eso también, yo lo hice con seis años de edad. Se puede salir de una adicción, liberarse de la vergüenza y del fracaso, yo lo hice antes de los veinte. Se puede reconstruir una vida, llegar a lo más alto y forjar el éxito, yo lo hice antes de los treinta.

Al igual, se puede cambiar tu forma de comunicarte y de relacionarte, de expresión e interacción para convertirte en una persona plena y sólida. Con voluntad, puedes pasar de ser una persona tóxica a una persona sana, al igual que puedes deshacerte de las personas que traen toxicidad a tu vida.

En este apartado tienes las bases de la comunicación sana y funcional. Apréndelas y estúdialas para ponerlas en práctica cada vez que necesites hacerlo.

Hemos visto muchos de los errores que se cometen en la comunicación, así como la influencia de las emociones en los procesos interpersonales de interacción derivados de los procesos emocionales intrapersonales, es decir, los generados en tu propia mente. También hemos visto la influencia de la autoestima en la elaboración psicológica de esos argumentos. Pero, ¿Y el comunicador diestro en su actitud y argumentos?

...

Ya es hora de hablar de él, de conocerlo más a fondo.

Virginia Satir[7] documenta el perfil del comunicador fluido, sano y funcional de la siguiente manera:

-Es claro y preciso en su comunicación, aclarando información cuando se le demanda o no es entendida por parte del otro interlocutor.

-Solicita aclaraciones, vuelve a expresar lo recibido para asegurarse de que ha comprendido bien la información que se le ha transmitido.

-Es coherente en su comunicación verbal y la no verbal.

-Es capaz de mostrar su enfado a través de un lenguaje claro y directo.

-Es capaz de defenderse o enfrentar una comunicación conflictiva sin miedo.

-Demuestra respeto al hablar y al escuchar, también respeta la autoestima de su interlocutor.

-Muestra integración, fluidez, apertura hacia el otro y está abierto a solucionar los conflictos.

---

7 *Op. Cit.*

-Transmite confianza, sinceridad y rectitud al utilizar una comunicación que mejora su relación con los demás.

...

Cuando eres un comunicador funcional te tienes en cuenta a ti mismo y a la otra persona, ofreces claridad argumentativa y muestras equidad a la hora de tener en cuenta a cada figura en el proceso comunicativo.

Estoy aquí para acompañarte en tu proceso, para que puedas poner en práctica de manera correcta todas las estrategias estudiadas. No obstante lo primero que has de hacer es colocarte a ti mismo en tu mente correctamente. Dejando a un lado la basura emocional sobrante y permitiéndote ser con toda autenticidad quien eres de verdad.

Puede suceder que en estos momentos no sepas qué lugar ocupas o en qué lugar estás en tu mente, ni si quiera tu lugar verdadero, el que te pertenece; puede ser que tu mente sea un auténtico barullo emocional que ejerce de filtro perceptivo confuso. A lo mejor te cuesta levantarte por las mañanas porque tienes miedo de enfrentarte a algunas situaciones. Sé que a veces piensas que no tienes salida ni escapatoria, creyéndolo de verdad y sintiéndote impotente, pero debes saber algo: no es verdad. Lo crees, lo sientes, pero NO es cierto.

...

Tienes ante tus ojos un libro que acabo de escribir, con todo el mérito que eso conlleva; he podido realizarme profesionalmente con mucho trabajo y esfuerzo, soy una persona reconocida, querida y muy valorada, no sólo profesionalmente sino personalmente. Pero no toda mi vida ha sido así: hace diez años salía de un auténtico caos provocado por un alto nivel de estrés profesional que me obligó a volver de Madrid a Elda, a casa de mis padres, dejar toda mi carrera profesional recién estrenada en la investigación científica y la docencia universitaria; entendiendo esa circunstancia como un fracaso desde el punto de vista de la que lo sufrió.

...

Hace treinta años luchaba por vivir con unos dolores físicos y emocionales extremos en una planta de aislamiento de un hospital, tenía seis años y luchaba por sobrevivir, pensando que lo mejor que me podía pasar era quedarme coja; hace veinte años superé una adicción a la cocaína, soportando una tóxica relación con un hombre adicto que logré trascender aferrándome de nuevo a la vida con uñas y dientes.

...

Si yo he podido tú también puedes hacerlo. Imagínate lo que harás cuando dejes atrás ese apego a lo que te daña, imagina cómo será tu vida cuando te hayas liberado de tus cadenas. Date cuenta que, en ese momento, automáticamente tu posición te acercará más a la que te pertenece, dándote permiso para ser quien has venido a ser. Tu mente liberada es la que te ofrece la posibilidad de verte en tu espacio de estima, tu posición en el tablero. De este modo puedes jugar bien tus fichas.

...

Ten la certeza de que estás de sobra capacitado para hacerlo y ten la esperanza de que lo puedes hacer, por eso estás leyendo este libro, para tomar las herramientas y utilizarlas, para poner fecha y hora a tus deseos. Trascendiendo el dolor y las heridas, trasciendes tu comunicación.

Esta saga es un sólido testimonio de cómo romper tus cadenas, en el que dispones de un auténtico testimonio real, el paso a paso de cómo lo hice yo, salí y llegué a lo más alto. Acepto que pienses que es difícil o que no sabes hacerlo, que te sientes muy débil o agotado, que te encuentras mal y no tienes fuerzas, pero no acepto que digas la gran mentira de que no se puede. Porque si yo lo hice, tú lo harás también.

**Las relaciones tóxicas no vienen solas, tú mismo les abriste la puerta. Puede ser que alguien se colara, pero una cosa es abrir la puerta al mal y otra muy diferente servirle un café y pedirle conversación.**

...

Cuando tomes conciencia de lo que acabas de leer en el párrafo anterior y sientas a nivel integrativo corporal cómo resuena eso en tu cuerpo, entonces estarás preparado de verdad para seguir leyendo cómo salir de donde quiera que desees salir e integrar todo el aprendizaje que sigue...

# 6. LO QUE TE DICES SOBRE TI, ¿TE AYUDA O TE SABOTEA?

Saber cuál es el lugar que ha de ocupar uno, sólo se consigue teniendo una sana estima. Lo que dices sobre ti se fundamenta en lo que crees sobre ti. Lo que crees sobre ti se construyó en base a lo que otros pensaban de ti, a lo que otros te devolvieron que eras. Primero tus relaciones primarias, secundarias y así sucesivamente.

Lo que crees de ti se ha ido forjando a lo largo de tu vida según lo que te devolvían tus padres, tus profesores, tus amigos, jefes, conocidos, tu aprendizaje y vivencias.

...

¿Quiere decir que tú eres todo eso?

No rotundo.

¿Quiere decir que es lo que tú crees de ti?

Sí, mientras no tomes conciencia de tus verdaderas dimensiones.

Lo que otros te devolvían ya paso, lo que tú quieres construir de ti en tu mano está.

...

Puedes ser que creas que eso eres tú porque es lo que tu cabeza contiene dentro. Información sobre vivencias, auto-percepción del yo, es lógica aplastante. Por eso debes ser consciente de que tú crees que eres lo que piensas que eres, pero realmente eso se queda corto, eres mucho más.

...

### *"Cambia tu creencia sobre ti y cambiarás tú mismo"*

Verlo para creerlo es la base de un paradigma antiguo, quedó obsoleto hace mucho tiempo.

Si eres de los que opina así has perdido la carrera, tu vida sigue siendo traumática, simple, aburrida y estancada. "Creerlo para verlo" es el nuevo paradigma ya demostrado desde la física cuántica y otras disciplinas científicas. Lee para comprender mejor:

Creamos lo que pensamos, primero lo creamos y luego lo vemos, no al revés. Nuestras creencias determinan la percepción que tenemos de la realidad, dependiendo de cómo miremos, donde pongamos el foco o qué prejuicio tengamos sobre lo que estamos viendo, veremos lo que queramos ver. La objetividad se habrá ido por la puerta trasera. Algunas creencias te ayudan a conseguir lo que deseas, siempre y cuando estén en línea con aquello que quieras conseguir, aquellas que suponen una oposición a aquello que deseas son las que van en dirección contraria a tus objetivos...

**Y ten en cuenta que tú, para ti mimo, también eres una percepción.**

Las creencias potenciadoras son las que te ayudan, te empujan y te facilitan el camino para ser, hacer o conseguir lo que quieres. Aplicado a la educación, son aquellas creencias que facilitan el camino del aprendizaje y el desarrollo del talento. Para las segundas, las limitantes, lo más importante es sabotear al máximo, se trata de paradigmas que te impiden hacer, ser o conseguir aquello que deseas, son creencias que, como bien afirman, limitan.

Piensa algo:

¿Qué cosas has dejado de hacer o de decir por miedo?

...

_______________________________________________

_______________________________________________

_______________________________________________

_______________________________________________

_______________________________________________

_______________________________________________

_______________________________________________

_______________________________________________

En todos esos casos te has saboteado a ti mismo.

***"Tanto si crees que puedes hacer algo como si crees que no, estás en lo cierto"***

**Henri Ford**

Todos los límites son grandes mentiras que sólo están en tu mente.

¿Alguna vez has ido decidido a por un deseo, cosa, meta, sin aceptar un no por respuesta?

...

Cuando estás decidido y vas a por algo, todo el mundo se aparta para hacerte camino. Seguro que te has dado cuenta. Estoy en lo cierto de que en algún momento de tu vida no aceptaste un "no" por respuesta. Hiciste lo habido y por haber por conseguir algo y lo conseguiste seguro, a esto me refiero.

¿Qué diferencia hay entre una situación y la otra? Únicamente la percepción que tenías de ti mismo y de tus capacidades para llevarlo a cabo. Ni más ni menos.

Cuando dudas de ti, estás perdiendo grandes dosis de energía vital para materializar tus deseos y metas. A la primera de cambio desistes, confirmando que no puedes o auto-engañándote diciéndote que no es para ti. Pero cuando crees firmemente en algo luchas y luchas y luchas. Pasas un obstáculo tras otro, incluso puedes llegar a un momento en tu vida en que algo parece imposible o perdido, pero sigues luchando, entonces... a última hora, como por arte de magia, se arregla, como un milagro. La vida es sorprendente a veces, pero sólo si tienes la creencia de que así es.

La vida sucede en el territorio, no en el mapa, en nuestra vida, no en nuestra mente. Cuando vas a por algo, tienes que estar lo suficientemente despierto en el momento adecuado para ver lo que necesitas ver.

Tus caminos se abren delante de ti, la pregunta es: ¿los ves?, ¿sabes a dónde vas?

...

Si sabes dónde vas puedes utilizar tu brújula, pero si no lo sabes, no ves el camino ni la brújula, sólo una pared delante de ti o tantos caminos que no sabes cuál escoger.

...

**Caminando perdida, Alicia se cruzó con el gato y le preguntó: "Dime gato, ¿cuál es el camino correcto?; a lo que el gato le preguntó: ¿a dónde te diriges? Alicia respondió: "no lo sé". Finalmente el gato le dijo: si no sabes dónde vas, no importa el camino que tomes, cualquiera te llevará allí"**

**Alicia en el país de las Maravillas**

Cuando no tienes clara tu meta o cuál es el lugar al que quieres ir o mereces llegar, andas por la vida sin rumbo, perdido; cualquier persona o cosa que se cruza por tu camino te despista. Ahora bien, no te quejes, la decisión, aunque inconsciente, fue tuya.

¿Qué sucede cuando tienes claro el lugar y te encuentras obstáculos por el camino?, ¿Los saltas cual gacela o te estampas como el coyote del correcaminos contra los árboles?

...

La única diferencia es dar un saltito justo a tiempo.

Estoy acostumbrada a tratar con empresarios y emprendedores, puede verse a leguas cómo sortean los obstáculos que aparecen en sus vidas. Unos fluyen como el agua y otros son como el roble, fuertes, pero tan rígidos que se quiebran ante los grandes temporales.

...

Me explicaré mejor, existen personas a las que les encanta planificarlo todo: metas, objetivos, camino, pasos, proceso, todo, hasta el último milímetro. Son bastante rígidas e intentan controlar hasta lo incontrolable. La vida nos sorprende constantemente, cuando esto sucede y algo se tuerce en su camino se frustran, lo pasan mal.

En cambio, existen otro tipo de personas que planifican sus metas dejando más margen, dejan que las circunstancias les ayuden, confían en el camino y se dejan fluir, ajustando las velas cuando hay temporal.

No es mejor ni peor, simplemente ES. Habrá momentos en que te ayude ser de una manera y habrá otros en que te ayude ser de otra. Por ejemplo, para momentos en los que has de ser frío en la toma de decisiones es mucho mejor aplicar una forma de ser rígida, evitando la duda y la buenaventura de los acontecimientos. Para procesos donde el "azar" juega un papel importante y tienes que cocrear con los acontecimientos, ser flexible te ayuda a llegar antes a tu meta.

Ten en cuenta que si eres una persona que sufre con cada contratiempo y crees rígidamente que un proceso ha de ser como tú estipulas, dejando de lado el orden universal, es que no sabes nada del SER. Tu ego se cree tan grande y arrogante que tiene la absurda idea de que él es el único causante del resultado y que de él depende todo.

*"Que tu ego se crea único artífice de tus resultados, es tan absurdo como pensar que la altura de la ola es consecuencia de sí misma obviando el mar, el viento y la luna"*

**Ana de Juan**

Vivir desde el ego es olvidarse de vivir desde tu esencia, un estado de paz interior, es vivir en un camino difícil y costoso de vida. Porque no dejas que la vida te lleve a su lugar, interfieres constantemente con acciones derivadas de los juicios y las creencias del ego.

En cambio, cuando tienes unas metas claras, eres consciente de tu poder cocreador con el todo y escuchas lo que la vida te va diciendo, actúas en consecuencia, vives desde un estado de confianza poniendo cada cosa en su lugar y, por supuesto, reconoces lo verdaderamente importante. A destacar, no relegas tu paz interior a tus metas. En ese momento comienzas a estar en sintonía con el proceso, comienzas a estar ordenado, tienes objetivos claros, escuchas, actúas y no alteras valores fundamentales.

Cuando una persona construye conforme a la vida, aprovecha las experiencias sin juzgarlas, toma decisiones desde lo que ES, no desde lo que debería ser, vive desde su SER, conectada a cada momento con la consciencia, es decir, despierta.

...

Existe un tercer nivel de creación mucho más elevado que los anteriores que va en consonancia con delegar tus metas a un orden mayor. Es decir, vivir y actuar hacia el camino que "crees" te hará feliz pero con el absoluto conocimiento de que no tienes ni idea de lo que es lo mejor para ti. Tienes el suficiente grado de conciencia como para saber, desde la más absoluta rendición, que puedes estar equivocado y que dejas a ese orden superior el resultado final, fluyendo sobremanera. A este punto llegan personas que han sostenido altísimos grados de sufrimiento vitales, personas que han vivido mucho y que han sabido aprovechar ese aprendizaje, seres que saben de manera integrada que todo lo que sucede posee un significado y que la mente egoica es demasiado pequeña como para comprenderlo. Si uno es humilde y está abierto, se comprende al cabo del tiempo cuando uno sabe VER.

...

En el momento en que existe un estado de absoluta rendición, la persona parte de saber que uno es fragmento de un todo interconectado, ha podido sentir y fluir con la energía que todo lo mueve, despertando de un sueño que le conduce a la dicha de vivir más allá de las expectativas, dándose y ofreciendo amor.

Puedes entenderlo mirando atrás en tu vida y recordando aquél momento en que conseguiste algo que deseabas mucho. A los pocos días te diste cuenta de que, a pesar de haber conseguido tu deseo, volvías a sentir un vacío interior. ¿Comprendes lo que lees verdad?

...

Tienes la posibilidad de ofrecer tu SER y rendir tu ego a que la vida te traiga lo que necesitas, más allá de lo que deseas. Fluir y contemplar cada experiencia como un aprendizaje de vida. Normalmente aquí llegan las personas con fuertes expedientes emocionales a sus espaldas, expertos en trascender circunstancias críticas, con altas cotas de dolor y una vida plagada de intenso aprendizaje.

Tu nivel de equilibrio y bienestar, así como de éxito en la consecución de tus propósitos, viene dado en base a la tolerancia que tienes a la frustración. Y ésta, a su vez, según tu grado de rigidez-flexibilidad a la hora de transitar el camino.

Si hay una cosa que he aprendido a lo largo de mi vida es a desprogramar la rigidez; un día aprendí que hay muchos caminos para llegar a una meta, aunque el ego suele contemplar sólo uno, dos o como mucho tres. Al ego le encantan las dicotomías. El SER simplemente se enfoca en la meta y suelta el control del cómo.

Deja que la vida te ayude soltando el control.

...

Vive desde tu territorio, es decir, desde lo que sucede en tierra, debajo de tus pies, abandona lo que debería suceder, deja ir el mapa mental.

**En el territorio encontramos ayudas para impulsarnos hacia delante, sólo hay que verlas, abrir los ojos y cerrar el control. Despertar a la vida!**

Te contaré algo que va a servirte, una de mis experiencias personales, en ella trascendí algunos límites. Espero que te inspire para trascender los tuyos:

Cuando comencé mi doctorado, recibí la noticia de que no podía optar a desarrollarlo a través de las subvenciones que hasta ese momento daba el Estado. A pesar de tener altísimas calificaciones no podía optar a causa de la crisis económica en la que se adentraba el país allá por 2008, se redujeron una barbaridad las becas. Eso significaba renunciar a mi carrera como investigadora y aparcar, de momento, un sueño por el que tanto había luchado en años anteriores. Era renunciar a algo que yo sentía que me merecía y que, a causa de las circunstancias externas, no podía materializar.

¿Qué hice? Mover cielo, tierra y hacer magia. Opté por poner todos los conocimientos y recursos que tenía al servicio de aquel sueño. Como experta en comunicación pública, con las herramientas intelectuales que había adquirido, mi guerrera incansable salió y, con la ayuda de grandes amigos y compañeros, conseguí ser noticia a nivel nacional e internacional como la primera persona en todo el mundo en sacar a subasta el patrocinio de su tesis doctoral, y todo ello lo hice sin invertir un duro.

...

¿Cómo?

Rompiendo los límites del dinero, del no sé, del no puedo y luchando por mis sueños, es decir, no aceptando un no como respuesta.

Esa estrategia se materializó en menos de quince días, caminando hacia el objetivo final sin mirar a los lados, sin distracciones, simplemente con decisión y convencimiento.

Comprende que todo está en la mente, máxime los límites. Siendo capaz de conectar contigo mismo, de quererte, de confiar en ti y de cuestionar todo lo que percibes, hasta lo que ves, puedes comenzar a vivir desde un lugar más auténtico y con poder. Recuerda que las cosas no son lo que parecen, el SAR filtra, la realidad es mucho más amplia.

Hay formas diferentes de funcionar, tantas como seres humanos, pero hay algo que todas las personas que consiguen sus metas tienen en común: una estima personal y sensación de merecimiento notables. Clave fundamental que hace que nada ni nadie te reste fuerza o fuelle en tu camino para tener suficiente motivación y energía durante el proceso.

Esa fuerza es generada por la pureza de pensamientos, el reflejo mental de la auténtica sensación de valía y merecimiento. Causa y consecuencia de tener una autoestima sana. Tienes herramientas de sobra a lo largo de toda la trilogía para sanear cada creencia que esté interfiriendo. Una autoestima sólida no se crea de la nada, es resultado del esfuerzo y del compromiso personal para con uno mismo. Estás de sobra capacitado para ofrecerte un espacio de vida saludable, quiero que aproveches bien tus cartas, eres el único responsable de ti. Vuelve a cada renglón que necesites, insiste en tu trabajo de creencias, repite tus paradigmas ganadores una y otra vez hasta que sean realidad. Exprime cada rincón de la trilogía, te mereces una vida mejor sin lugar a dudas.

¿Quieres salir de tu rol tóxico?

...

Continúa leyendo...

# 7. TRASCIENDE LA PSICOLOGÍA DEL ROL: COMUNICACIÓN CONSCIENTE VS MENTE EGOICA

Tu paz interior viene por la toma de conciencia del tipo de comunicación que opera en tu mente. Desde un punto de vista consciente, la comunicación funcional y sana aporta paz, serenidad y alegría, motiva y da fuerza, esperanzas en momentos clave.

La comunicación desde el SER se da cuando llevas un bagaje de trabajo personal realizado y te das cuenta de que según sea tu estado de conciencia así es tu realidad.

Y ¿de qué depende?

De tu comunicación mental, tanto interna contigo mismo como externa con los demás. La forma de comunicarnos estructura la mente, siendo ésta causa y consecuencia de aquélla.

...

La comunicación mental saludable es la que te alienta y te anima, la que te ama incondicionalmente, la que te sostiene en momentos difíciles, aquella a la que puedes recurrir en cualquier momento y la que debería proteger tu espacio sagrado del alma.

**Como seres humanos nuestra labor principal es convertirnos en personas, SER PERSONA.**

Nuestro discurso interior es el único que facilita esa construcción porque deposita su poder de influencia sobre nuestros cimientos.

**Un árbol puede sostenerse bien si posee unas raíces fuertes.**

Sirve de poco que te enfoques en lo bonito de tus frutos o en maquillar las ramas si tus raíces no están bien arraigadas a la tierra. El árbol cae y se derrumba por su propio peso. Evita que pase contigo mismo. Ve a la raíz y nútrela, hazla fuerte y construye sobre seguro.

La comunicación mental tóxica es la que tiene como fin culpabilizar, la culpa anula el espíritu interno, genera un fuerte malestar y mucho dolor. Haz consciente el mecanismo, si lo detectas en ti, ábrete a cambiarlo. Es tarea baladí buscar excusas o culpar a otros, eso sólo sirve para alimentar la mente egoica y alejarte de una adecuada comunicación consciente para tu bienestar.

Conforme vas haciendo consciente tu comunicación interna, la transformas y limpias, sumérgete bien hondo con las herramientas de las que dispones en este libro. Según tu estado de conciencia, la comunicación interna se caracteriza por ayudarte a adquirir uno u otro estado de ánimo y por ampliar el número de prismas a través de los cuales ves la realidad. Escucha y lee atentamente lo que viene a continuación, es la clave del libro:

**No vemos realidad alguna, simplemente proyectamos aquello que tenemos dentro, lo que no tenemos en nuestra cabeza no lo podemos ver fuera.**

Todo lo que es reprimido y guardado dentro de la mente, ésta lo proyecta fuera. Eso que guarda es negado para el consciente pero no para el inconsciente. Además, a mayor negación más fuerza tiene la proyección. El día en que se hace consciente lo reprimido, se sana y se transforma, entonces es cuando comienzas a captar mucha más información de tu entorno, de la realidad más objetiva. Las emociones no sanadas actúan de filtro perceptivo dentro de ti, alejándote de lo que sucede delante de tus narices, subjetivando tu existencia y operando como auténticos autómatas mentales programados por creencias limitantes.

¿Comprendes lo que supone esto ante nuevos retos y sueños?

...

Romper límites y creencias limitantes es condición sine qua non para crecer y construir de verdad.

Todas y cada una de las emociones que tienes son necesarias, dan información valiosa sobre lo que te está pasando. Si eres una persona que no conecta con alguna emoción, por ejemplo, la ira o el enfado, es porque de alguna manera tu mente lo considera inapropiado.

No hay emociones inapropiadas, salvo que hayas aprendido que así era. Libérate de la creencia de que hay emociones malas o buenas. Tienes el poder y la soberanía de soltar lo que no te sirve, así como de tomar todas tus partes al completo.

## Eres perfecto tal y como eres

Suponiendo que reprimas emociones que consideras inapropiadas, volviendo al ejemplo de la ira, lo que haces es guardar en el saco del inconsciente cada impulso o atisbo de sentir ira. Reprimiendo, de manera automatizada, en ti esa emoción. De hecho, cada emoción reprimida provoca consecuencias en la persona que la reprime.

*"Las emociones no expresadas nunca mueren. Son enterradas vivas y salen más tarde de peores formas"*

**Sigmund Freud**

Siguiendo con la ira, puedes sentir miedo al "rozarla", puede que te asuste, te genere una fuerte sensación de conflicto interior e incomodidad e, incluso, sientas parálisis. Ocultar una emoción genera un reflejo en tu exterior. Si posees una vida donde aparecen conflictos cada dos por tres, probablemente tienes mucho enfado reprimido, necesitas conectar con él y limpiarlo, esto te ayudará a salir del rol de perseguidor o culpabilizador.

...

Como ves todo tiene su base en las emociones no digeridas, no en los hechos (que son estímulos), no en los pensamientos (que son consecuencias).

Puede ser que veas ira y enfados por todos lados, que vivas enfadado con el mundo, puede ser que tengas un miedo tremendo al enfado y al conflicto, todo puede ser si la ira la reprimes. Se trata de una disfunción creada por un aprendizaje disfuncional. Lo que no significa que ahora vayas por ahí discutiendo con las demás personas o expresando tu frustración a cada esquina.

Sólo se trata de que vayas digiriendo lo que pasa, que seas consciente de que todas las emociones tienen su función y de que reprimir cualquiera de ellas te puede traer muchos dolores de cabeza.

**Tener reprimida alguna emoción es como caminar sin alguna de tus patas**

Veamos cómo es para ti caminar con la ira reprimida:

Cuando no conectas con esta emoción de un modo sano, es difícil autoafirmar tu posición, hacer valer tu opinión, hacerte de valer ante los demás, defenderte si fuese necesario, demandar lo que es tuyo o poner límites.

...

Tienes miedo de expresar tus auténticos sentimientos por si otro opina lo contrario, te dejas pisotear en momentos críticos, convirtiéndote en víctima de diferentes tipos de abusos sin ser, siquiera, consciente de ellos. No tener ira es no tener fuerza para arrancar, para parar, para ordenar tu vida, para poner a cada persona y a cada cosa en su lugar.

...

Ahora que lo sabes volvamos a lo que nos interesa, a tomar conciencia de tus emociones y a ser capaz de expresarlas con amor y asertividad a cada momento.

Darte cuenta de qué te enfada te ayuda a conectar poco a poco con la emoción, con lo cual tienes campo abierto para aprender a manejarla con una guía adecuada.

¿Te das licencia para hacerte entender, eres compasivo contigo mismo y "bajas a tierra" para conectar con tu SER?

...

Conectar contigo es aprender a conectar también con los demás, vivir desde el autorrespeto y tomar decisiones mucho más acordes con tus auténticos sentimientos.

Expresar el enfado de manera sana es posible con las herramientas que tienes en este libro, úsalas.

Cuando tenemos heridas en el alma, los seres humanos solapamos emociones, se trata de formas de funcionar que aprendimos a utilizar en un momento dado, que nos sirvieron para sobrevivir pero que nos alejan de conectar con nuestro auténtico SER esencial. Cuando se solapan emociones, se cubren unas con otras, se envuelven las verdaderas o no permitidas con las aceptadas, las que sí te permites sentir. Sustituyéndose las últimas por las primeras y dejando paso a otras que validas más pero que, sin duda, tapan las auténticas. El criterio de permisión y prohibición depende de cada uno y de su programación mental. El primer paso para despertar del sueño parte de ser consciente de este mecanismo.

...

El tipo de programación mental que has recibido está determinada por tu cultura e influye en tu programación emocional, así como en la "supuesta" permisividad con respecto a unas emociones y no otras. No se puede generalizar pero sí tener en cuenta el volumen de casos. Por mi consulta han pasado numerosas mujeres muy tristes que se impedían a sí mismas expresar la ira y a hombres muy enfadados que eran incapaces de conectar con su tristeza. Rascando un poco más en sus paradigmas descubrimos la retahíla de prejuicios haciendo de barrotes de contención. Hombres a los que se les dijo que llorar era de débiles y viven atrapados en su tristeza sin conectar con ella, por ende, sin liberarla. Mujeres, en cambio, muy tristes pero faltas de estima hasta niveles tóxicos cuyas relaciones de abuso hacen de "despertador" pero sólo cuando ya no pueden más y, aún entonces, siguen echándose la culpa a sí mismas. Mujeres muy desconectadas que se auto impiden hacer valer su criterio por miedo a equivocarse. Sí, a equivocarse de sus auténticos sentimientos.

...

**¿Habrá mayor salvajada que negar lo que sientes, es decir, negarte a ti mismo, para poner los sentimientos de otro en tu lugar y hacerle único soberano de tu vida?**

...

Piensa por un momento cómo gestiona sus relaciones una persona que tiene la ira tapada con miedo. Ni que decir tiene que difícilmente puede ponerse en su lugar y defender sus derechos.

La ira es una emoción necesaria cuando sentimos que se violan nuestros derechos. Piensa si alguien ha violado tus derechos a lo largo de tu vida; si es así, piensa qué papel has tenido tú en ello.

...

**Operar mediante un patrón que bloquea tu ira es convertirte en víctima de ti mismo**

Si algún día has sido víctima de un abuso personal, profesional o de cualquier otra índole, seguramente no te hayas dado ni cuenta. Es lo que tiene operar con la represión de la ira. Quizá te sientas mal y no sepas por qué, a lo mejor desconoces el origen de tu malestar, navega entonces hacia tus profundidades, desde dentro, tus entrañas comienzan a avisarte.

Todas y cada una de las emociones que tienes son necesarias, por ello forman parte de ti, han de estar en su lugar y debemos saber utilizarlas de una manera consciente. Por ejemplo, la ira es fuerza, te ayuda a poner límites, a ponerte en tu lugar, te da fuerza para crear, la ira es fuego y el fuego crea. No se trata de ir dando berridos por la calle o pegando patadas por ahí. Se trata de que aprendas a canalizar y a utilizar esa energía. Con el fuego puedes quemar un papel pero también puedes crear una vasija de barro, todo depende de cómo lo utilices.

...

Lee esta pequeña historia y verás la importancia de la comunicación consciente, de lo importante que es aprender a gestionar todas las emociones y de cómo el lenguaje ayuda a construirte a ti mismo:

"Érase una vez la hija de un viejo hortelano que se quejaba constantemente sobre su vida y sobre lo difícil que le resultaba ir avanzando. Estaba cansada de luchar y no tenía ganas de nada; cuando un problema se solucionaba otro nuevo aparecía y eso le hacía resignarse y sentirse vencida.

El hortelano le pidió a su hija que se acercara a la cocina de su cabaña y que tomara asiento. Después, llenó tres recipientes con agua y los colocó sobre fuego. Cuando el agua comenzó a hervir colocó en un recipiente una zanahoria, en otro un huevo y en el último vertió unos granos de café. Los dejó hervir sin decir palabra mientras su hija esperaba impacientemente sin comprender qué era lo que su padre hacía. A los veinte minutos el padre apagó el fuego. Sacó las zanahorias y las colocó en un tazón. Sacó los huevos y los colocó en otro plato. Finalmente, coló el café.

Miró a su hija y le dijo: "¿Qué ves?". "Zanahorias, huevos y café", fue su respuesta. La hizo acercarse y le pidió que tocara las zanahorias. Ella lo hizo y notó que estaban blandas. Luego le pidió que tomara un huevo y lo rompiera. Le quitó la cáscara y observó el huevo duro. Luego le pidió que probara el café. Ella sonrió mientras disfrutaba de su dulce aroma. Humildemente la hija preguntó: "¿Qué significa esto, papá?"

Él le explicó que los tres elementos habían enfrentado la misma adversidad: agua hirviendo. Pero habían reaccionado en forma muy diferente. La zanahoria llegó al agua fuerte, dura; pero después de pasar por el agua hirviendo se había vuelto débil, fácil de deshacer. El huevo había llegado al agua frágil, su cáscara fina protegía su interior líquido; pero después de estar en agua hirviendo, su interior se había endurecido. El café sin embargo era único; después de estar en agua hirviendo, había cambiado el agua.

"¿Cual eres tú?", le preguntó a su hija. "Cuando la adversidad llama a tu puerta, ¿Cómo respondes? ¿Eres una zanahoria que parece fuerte pero que cuando la adversidad y el dolor te tocan, te vuelves débil y pierdes tu fortaleza? ¿Eres un huevo, que comienza con un corazón maleable? ¿Poseías un espíritu fluido, pero después de una muerte, una separación, o un despido, te has vuelto dura y rígida? Por fuera eres igual pero, ¿cómo te has transformado por dentro?

¿O eres como el café? El café cambia el agua, el elemento que le causa dolor. Cuando el agua llega al punto de ebullición el café alcanza su mejor sabor. Si eres como el grano de café, cuando las cosas se ponen peor tú reaccionas mejor y haces que las cosas a tu alrededor mejoren.

Y tú, ¿Cuál de los tres eres?"

...

Si tomas el agua como las circunstancias y los alimentos como cada una de tus posibilidades, puedes ser una persona a la que las circunstancias la endurezcan o la hagan rígida, puedes ser una persona a las que las circunstancias la hagan blanda y endeble o puedes ser una persona a las que las circunstancias no le afecten negativamente, sino que influyas positivamente tú mismo sobre ellas, como el café.

¿De qué dependerá cada elección?

...

De tu discurso interior, de tu comunicación consciente. De ti depende construir una mente poderosa que trascienda o una mente perdida en un laberinto sin salida. Y esto sólo es resultado de lo que te dices a ti mismo sobre ti mismo. Eres un ser poderoso, divino, tienes el poder de influir en tus circunstancias, date el permiso de poner el despertador y comienza a abrir los ojos.

...

Respira conscientemente, utiliza tu fuerza y amor propio para ser como el café, saca tu poder de influencia de tus entrañas y ámate incondicionalmente. La vida va y viene, utiliza un lenguaje que te sostenga. Ante un contratiempo ve a tus fortalezas y míralas de cerca. Recuerda la última situación conflictiva que superaste, los dramas de los que has salido adelante, los retos conseguidos. Tienes grandes capacidades y unos recursos escondidos a los que puedes acceder en el momento que desees.

Cierra los ojos y respira profundamente.

...

Siéntete grande, siente literalmente cómo creces. Sigue respirando y aumenta tu tamaño, crece hasta el infinito en el cosmos si hace falta...

Los límites sólo son perceptivos...

Si eres capaz de sentirte de verdad y conectar con lo que eres en realidad, tus problemas seguirán pero te verás como lo que eres, mucho más grande que ellos, con la capacidad de trascenderlos.

**"Tú eres el universo expresándose a sí mismo como un humano por un corto espacio de tiempo"**

**Eckhart Tolle**

...

Viendo otras perspectivas...

**No hay mayor poder de sanación de un problema que un problema mucho más grande.**

...

Alguien a quien acompañé en consulta para sanar un asunto económico, al poco tiempo de aquello, le diagnosticaron un cáncer. Un tiempo después de terminar su proceso me comunicó que, ante la nueva situación vital, aquel problema que le parecía gigante se tornó en insignificante.

...

La vida en sí es algo que construyes cada día con tus puntos de atención y con tu actitud. No importa lo grande que sea un problema siempre y cuando seas capaz, bien de relativizarlo y colocarlo donde corresponde, o bien de trascenderlo conectando con tu auténtica naturaleza infinita porque eso es lo que eres: un SER infinito enjaulado en la cárcel del ego.

A mayor influencia del ego, mayor es el drama vivido, observa la magnitud de tu historia, te servirá de brújula para descubrir tu máscara. Alguien con un ego excesivamente inflado le es difícil ser feliz, nada es suficiente y su mente se redirecciona a las carencias; aunque tenga un porche aparcado en la entrada de su mansión, una familia que le adora y el trabajo de su vida, un ego así siente que necesita más.

Una persona con un ego excesivamente grande lo tiene todo pero no toma nada, su enfoque ensombrece su abundancia en aras de correr hacia lo que falta. Una buena dosis médica para curar este mecanismo es parar de correr, sentarse y comenzar a escribir qué es lo que tienes, qué hay en tu vida, qué cosas hay delante de ti que no estás viendo por girarte constantemente hacia tus dramas.

Hazlo ahora!

Respira y escribe conscientemente aquello que hay en tu vida, lo que ya existe pero que sólo puedes ver cuando te paras a observar detenidamente.

Seguro que así puedes darte cuenta de lo que tienes. Hazte esta pregunta para cada área de tu vida: familia, relaciones, amigos, trabajo, economía, ocio, crecimiento personal, pareja, salud, etc.

Haz un trabajo consciente, para de verdad y enumera todas tus bondades. Escribe lo que sí tienes en tu vida, anota con sinceridad:

...

¿Qué sí tengo en mi familia?

_______________________________________________

_______________________________________________

_______________________________________________

¿Qué sí tengo en mis relaciones?

¿Qué sí tengo en mis amigos?

---

## ¿Qué sí tengo en mi trabajo?

---

## ¿Qué sí tengo en mi economía?

---

¿Qué sí tengo en mi ocio?

¿Qué sí tengo en mi crecimiento personal?

¿Qué sí tengo en mi salud?

---

---

---

---

---

---

---

¿Qué sí tengo en mi pareja?

---

---

---

---

---

---

---

Ahora vuelve a leer la lista de cosas y tómalas, siéntelas, vívelas, hazlas tuyas porque tuyas son.

Respíralas y conecta con lo que sí tienes!

...

Una vez que tomas lo que tienes, te sientes equilibrado, tu SER florece sintiéndose lleno de lo que antes obviabas. Las cosas no faltan, es el ego el que fragmenta y crea las carencias.

Ahora continúa tu trabajo, es momento de escribir tus metas o deseos razonables, esos que realmente son anhelados por ti. Objetivos hacia los que puedes encaminarte pisando sobre seguro, sobre lo que acabas de tomar conciencia que tienes y que has tomado. Es más fácil crecer hacia ellos desde la gratitud de lo que ya hay en tu vida que desde la carencia de lo que imaginariamente falta. Sé realista, mira y agradece lo que tienes para partir desde ahí a conseguir nuevas metas.

Escribe tus metas en cada área vital:

Salud

_______________________________________________

_______________________________________________

_______________________________________________

_______________________________________________

Amor

_______________________________________________

_______________________________________________

_______________________________________________

_______________________________________________

Profesión

___________________________________________

___________________________________________

___________________________________________

También puedes escribir propósitos en áreas más concretas:

Relaciones

___________________________________________

___________________________________________

___________________________________________

___________________________________________

Desarrollo Personal

___________________________________________

___________________________________________

___________________________________________

Economía

___________________________________________

___________________________________________

___________________________________________

Si deseas trabajar algún área no indicada sobre estas líneas, puedes coger un folio en blanco e incluirlo en estas páginas con tu área trabajada.

Es necesario que escribas tus propósitos una vez que has colocado cada elemento de tu vida en su lugar y has tomado todo lo que la vida te ha dado hasta el día de hoy. El motivo es simple: apoyarte sobre seguro.

Como lo oyes, construir sobre tierra tomando y agradeciendo lo que tienes, sea poco o sea mucho.

...

El SER te ayuda; en cambio, el juego preferido del ego es enfocarte en la carencia, en lo que falta permanentemente; el segundo es conducirte hacia tus miedos. En este último caso te engaña para redirigirte hacia ellos, alejándote de tus deseos.

Sé más astuto!

...

Piensa algo y escribe. Cuando deseas algo en tu vida, ¿te centras en ello o en evitar su opuesto?

...

La mente egoica construye mil y una excusas para que no hagas algo, fundamentándote cada argumento en los peligros o pocas capacidades que posees para ello. De hecho su labor es esta: enfocarse en lo opuesto para protegerte y mantenerte en perpetuidad dónde estás. La felicidad la da el progreso, el avance, el aprendizaje.

...

Haz consciente de una vez tu comunicación interna, dale luz a su juego y gánale la partida. Crece e integra, si quieres crear algo bueno en tu vida, debes centrarte en ello, allá donde enfocas la atención pones energía y allá donde pones energía crece, sin más.

La mente egoica cree que si tienes miedo a algo, que si no lo quieres y lo rechazas, haciendo cosas para evitarlo, lo evitarás. Nada más lejos de la realidad, pensando en ello así lo atraes porque le pones energía mediante la acción de pensar. Donde enfocas la atención es donde puedes ver y crear, no hay más, te guste o no.

**Si deseas olvidarte de tus miserias, enfócate en ayudar a los demás, si deseas amor da amor, si deseas ayuda, ayuda a los demás, te sorprenderán los resultados.**

...

Tienes otras opciones sí, como ir por ahí haciéndote la víctima profesional y buscando la palmadita en la espalda de aquellos que te rodean. Pero cuando vuelvas a casa pregúntate: ¿de qué me sirve?, ¿qué he conseguido?. La gente construye sus vidas y tú sigues todavía por ahí mendigando y buscando una atención que sólo tú mismo te puedes dar.

...

La mente egoica cree en la separación, cree que estamos nosotros frente al mundo, que todos somos competidores, que hay víctimas y verdugos, inocentes y culpables, cree que si tú ganas el otro pierde y viceversa. La mente egoica cree que no hay para todos. Realmente esto es falso, aunque así nos lo hayan enseñado otras mentes egoicas con sus daños emocionales y sus heridas.

La mente egoica, ni que decir tiene, es la mente que piensa desde el ego, desde el pequeño personaje que has creado; sin embargo, debes saber que es muy pequeña frente a quien eres en realidad. La mente egoica es residual comparada con la mente a través del SER. Atrévete a aumentar tu nivel de conciencia y los cambios en tu vida vendrán solos. Hasta que no te das cuenta de quién eres de verdad, tu vida sigue funcionando en piloto automático. La mente real y auténtica, la mente que sabe quién es, el SER, el "YO SOY", sabe que siempre está a salvo, que trasciende y está conectada con algo superior más allá de ella.

La mente consciente sabe que todos somos espejos, que en realidad somos uno, es consciente de la propia energía vital y de que para trascender es necesario integrar, es consciente de la divinidad, de lo grande que eres y de los recursos que posees más allá de las limitaciones que prefieres creer. En cambio, la mente del ego lo único que hace es controlar, programar, vive en el futuro y en el pasado con el fin de controlar el presente.

...

La mente egoica proyecta el pasado en un futuro incierto, creando más miserias en tu trayectoria de vida. Actúa desde el miedo intentando controlar el futuro en base a lo que ha vivido en el pasado. La mente egoica constantemente genera sufrimiento, siempre vive "por si a caso", es decir, creando escenarios horribles y previniéndote de fantasmas irreales en un bucle sin fin de desgaste de energía vital. ¿Hasta cuándo vas a seguir creyendo en sus películas?

...

Nuestra mente es como un ordenador, es decir, un objeto que almacena información desde que comenzó a ser operativo. Así has construido tu ego, tu personaje y personajes, con información muy limitada y sesgada. Naciste y te pusieron un nombre, unas reglas de conducta, unos valores y normas, una cultura, unas leyes, un protocolo, unos roles personales, profesionales, conyugales y unos miedos y culpas, sumado a todas tus experiencias y a las expectativas que los demás tenían y tienen de ti.

¿Cómo quieres que de ahí salga algo trascendente?

Es tu momento!

Detecta los barrotes de tu cárcel y comienza a derribarlos, sal del bucle, deja de perderte dando vueltas en círculos.

...

Toda la información (que no conocimiento) de los datos que has guardado en tu computer mental configuran los barrotes y filtros a través de los cuales percibes y juzgas la realidad de tu entorno. En base a las experiencias vívidas, las creencias asumidas, la educación recibida y los paradigmas aceptados. Pero, ¿y todo el abanico de información que se encuentra fuera de tu mente, te has parado a darte cuenta?

...

La mente egoica es muy limitada, es un autoengaño de creencias y paradigmas limitantes, además es tan arrogante que se cree con la verdad absoluta en cada lugar y circunstancia. Personas de fuerte identificación con su ego así lo demuestran, de hecho, cuando hablas con ellas afirman desde verdades universales, extrapolando su experiencia al todo, con una conducta rígida y firmes argumentos, creyéndose artífices de la verdad absoluta.

El ego cree que sabe lo que puede pasar en el futuro y te intentará prevenir de múltiples maneras, por ejemplo a través del miedo alejándote de tus más preciados sueños. Sin embargo, lo único que puede proyectar el ego para el futuro es lo que tiene en la mente guardada…

…Es decir: el pasado. Ni más ni menos.

…

**La mente egoica proyecta para el futuro lo que ella misma alberga del pasado. No lo que va a pasar realmente porque no lo sabe, pues no está contenido en su memoria.**

**Ansiedad es visualizar un futuro incierto, proyectando inconscientemente el pasado en él y sentirse incapaz de solventarlo, sentirse que no estás a salvo.**

…

No obstante, la mente consciente, desde el ser, vive en el aquí y en el ahora, constantemente conectada con el fluir de la energía vital, no proyecta, simplemente escucha, observa y es consciente. Vive en la dicha y la alegría, sabe que ya es infinita, es atemporal y no local.

La comunicación consciente está determinada por una saludable y adecuada comunicación interior. Sana tu comunicación interior, tus paradigmas y heridas emocionales y sanarás gran parte de tus males. No hay mejor analgésico y neuroléptico que la comunicación consciente desde la mente pura, desde el "YO SOY". Y es algo que todo ser humano posee, tú también. Busca con ahínco la parte sana que hay en ti y hallarás el mayor tesoro que podrás encontrar.

La mente consciente sabe que nada tiene significado salvo el que tú le das. Es un principio de la psicología:

**Los hechos son neutros en sí, no son los que causan el dolor, el dolor es causado por la interpretación que tú mismo haces de los hechos.**

La interpretación de lo que te sucede, no lo que te sucede en sí, al igual que el mapa no es el territorio.

...

A modo de ejemplo:

Dos personas que viven acontecimientos idénticos. Sin embargo, cada una de ellas siente e interpreta los hechos de un modo diferente. La causa viene dada por los filtros del ego que operan en su vivencia. Por ejemplo, dos personas que tienen una ruptura de pareja, que les deja el marido o la mujer. Una de ellas tarda años en superarlo y la otra pasa página al año o a los pocos meses.

Esto no es por el acontecimiento en sí, sino por lo que se dicen a sí mismas sobre el acontecimiento.

Ya sabes que cada mapa mental es como una huella dactilar, hay tantos como personas en el mundo, hasta los gemelos tienen diferentes mapas mentales.

...

Eres muy grande pero si piensas que eres pequeño, te auguro una vida miserable. Sé a ciencia cierta que vivirás siendo y sintiéndote pequeño.

¿Lo eres realmente?

No, pero si tú crees que sí, así serás. Si la creencia es firme, tus vivencias te confirmarán lo pusilánime y mediocre que eres. Así mismo, si crees que eres una víctima, en tu vida aparecerán verdugos que te lo recuerden; si crees que mereces un castigo, a tu alrededor aparecerán personas que te hagan daño, etc. etc. etc.

...

En cambio, si crees que mereces todo lo bueno y que eres grande, eso mismo recibirás. Si crees que tu valor es incalculable y que tienes derecho a cometer errores, serás capaz de aprender, de arriesgar, de soltar y de perdonar. Si crees que te mereces ser feliz, te liberarás de toda emoción negativa que interfiera.

...

La verdad es ésta:

Eres un ser poderoso, capaz de alcanzar metas y propósitos. Sé que tu tamaño es directamente proporcional al de tu SER, que es infinito e informe, que lo abarca todo y que con todo puede. Tu capacidad no tiene límites, tu vida es muestra de ello. La mayor de tus catástrofes trae el mayor de tus aprendizajes. Eres capaz de transformar tu vida, alquimizar tus emociones y desarrollar cualquier proyecto que quieras hacer crecer. Tu foco de atención atrae eso que tanto quieres, aprovecha en profundidad el conocimiento que extraes mediante la lectura de esta saga y llévalo a tierra, a la práctica.

Reflexiona y escribe, ¿Qué crees que mereces?

...

_______________________________________

_______________________________________

_______________________________________

_______________________________________

_______________________________________

_______________________________________

Si crees que te mereces cosas buenas, ¿Qué vida crees que construirás?

…

Cuando eres firme en eso que mereces, no aceptas menos por respuesta, desde ahí se cimenta una vida firme. Alrededor aparecen personas que te ayudan y te valoran, situaciones que te acompañan en tu camino a la meta. No es magia, es ciencia.

**Para recoger peras, has de plantar peras, no manzanas.**

La voluntad de plantar peras y la fe de esperar a que esas peras florezcan son directamente proporcionales a la fe que tienes en ti mismo, a la autopercepción de tus capacidades.

Eres un ser valioso, consciente, dentro de ti se encuentra el poder de crear universos, dentro de tu ser puedes mover montañas.

*"Es, pues, la fe la certeza de lo que se espera, la convicción de lo que no se ve"*

**Hebreos 11:01**

**¡Confío en ti!**

Responde con honestidad a las siguientes preguntas, ayúdate a tomar conciencia de tu nivel de empoderamiento personal:

¿Qué crees de ti mismo?

_______________________________________

_______________________________________

_______________________________________

_______________________________________

Una vez más, ¿Qué crees que mereces?

¿Qué te das a ti mismo?, ¿Qué te permites?...

Observa muy bien, si deseas paz interior y no la tienes, algo está impidiéndola.

Pregúntate:

¿Me doy permiso para tener paz interior?

¿De qué manera me la permito o me la impido?

¿Qué he de hacer o dejar de hacer para tener más paz interior en mi vida?

...

Así con todo lo demás que sabes que mereces, tienes derecho a ello. Trabaja en ti y escribe para cada cosa que mereces lo que has de hacer o de dejar de hacer para conseguirlo:

_______________________________________________

_______________________________________________

_______________________________________________

_______________________________________________

_______________________________________________

_______________________________________________

_______________________________________________

_______________________________________________

_______________________________________________

_______________________________________________

_______________________________________________

_______________________________________________

---

Cuando en un momento de tu vida tienes una citación judicial o una visita a un especialista, ¿Qué haces? Piénsalo.

Si es necesario dejas incluso el trabajo por acudir. Ahora bien,

¿Por qué no haces lo mismo para contigo mismo?, ¿es menos importante tu paz y tu equilibrio interior, tu salud y bienestar que una citación judicial? Yo creo que no.

Comienza a poner límites ya!

...

Reflexiona y Responde: ¿Cómo utilizas tu tiempo?

...

Se trata de una respuesta sentida, corporal, siente la respuesta:

---

Si sientes que no lo gestionas bien, piensa y responde:
¿De qué maneras pierdes el tiempo?

_______________________________________________

_______________________________________________

_______________________________________________

_______________________________________________

_______________________________________________

_______________________________________________

¿Cuáles son tus principales "robatiempos"?

_______________________________________________

_______________________________________________

_______________________________________________

_______________________________________________

_______________________________________________

_______________________________________________

A continuación reflexiona y responde.

Haz un trabajo minucioso, por ti mismo:

¿Cómo podría gestionar mejor mi tiempo?, ¿Qué puedo suprimir de mi rutina para optimizar mi tiempo?, ¿Cómo puedo ordenar mejor mi día, por ende, mi vida?

...

Puedes aprovechar las siguientes líneas para hacer tu planning:

_______________________________________

_______________________________________

_______________________________________

_______________________________________

_______________________________________

_______________________________________

_______________________________________

_______________________________________

_______________________________________

_______________________________________

_______________________________________

_______________________________________

_______________________________________

_______________________________________

_______________________________________

**Gestionar adecuadamente tu tiempo es síntoma de buena autoestima. Valorarte y gestionar adecuadamente tu vida son consecuencias de gestionar bien tu tiempo.**

...

El tiempo es subjetivo, una creación del ser humano.

*"Una hora sentado con una chica guapa en un banco del parque pasa como un minuto, pero un minuto sentado sobre una estufa caliente parece una hora"*

**Albert Einstein**

El tiempo es algo de lo que haces uso. Con el tiempo te valoras o te dañas, creces o destruyes, amas u odias. Con el tiempo aprovechas la vida o la malgastas. Una persona con autoestima regulada utiliza su tiempo adecuadamente. Sabe a qué y a quién dedicarle tiempo, así como espacio en su vida.

Adéntrate en un nivel más profundo de ti mismo. Hazlo con cariño y conciencia, te lo debes. Reflexiona y Responde:

¿En qué estado emocional te sientes a lo largo del día, por regla general?, es decir, ¿Con qué emoción es con la que más convives?

...

_______________________________________________

_______________________________________________

_______________________________________________

_______________________________________________

_______________________________________________

Ahora bien, ¿Cómo puedes cuidar mejor tus niveles de higiene mental, emocional, física y relacional?

_______________________________________________

_______________________________________________

---

---

---

---

---

---

---

---

Si algo he aprendido a lo largo de los años de aprendizaje personal es que la intoxicación y confluencia emocional es el mayor enemigo del avance y del crecimiento. Dejé de ver televisión hace tantos años que ni me acuerdo, mantengo a raya mi whatssap y "robatiempos", cuido de mí como lo que soy: un gran tesoro y, por supuesto, mantengo bien lejos cualquier atisbo de relación tóxica, sea con persona, animal o cosa; emoción, pensamiento o conducta. Así de simple, resumido en una frase: dejé de mirar al exterior y di un giro de 180º para mirarme a mí misma por primera vez. Comencé a cuidarme, abandoné toda resistencia y aposté por mí. Me dio igual lo que pensara cualquier persona, me hice dueña y única soberana de mi vida, porque sabía que era a mí a la que debía explicaciones.

¿El resultado?

Altos niveles de salud física, mental, emocional, profesional y relacional.

...

Nadie va a vivir tu vida por ti, sólo tú, no le des ni un centímetro de espacio en tu vida a algo que te perjudique. Si lo haces, te presionas, matas literalmente parte de tu espíritu por darle complacencia a quien te agrede. En cambio, si no lo haces, vives en un estado de mayor presencia, tienes más tiempo y espacio para las cosas importantes. Cuando te amas y respetas se ve reflejado en tus relaciones, amando y respetando a los demás. Lo haces de manera automática. Cuidas como se merecen a las personas que te quieren, así puedes poner cada cosa y a cada quien en el lugar que le corresponde y tu vida comienza a ordenarse. El precio del éxito y la paz interior es alto pero la recompensa también. Tu vida lo vale, date una oportunidad.

...

En este libro comparto unas herramientas únicas para que puedas ayudarte, espero y deseo que las aproveches como mereces.

Saber quién uno es realmente, desde el SER y no desde el ego, es la base de toda transformación. Conseguir metas desde aquí se torna fácil, transitar el camino desde un estado de paz interior también. Permite a tu SER salir y haz a tu ego a un lado para que las cosas comiencen a ir bien, de cara, a fluir.

El mayor combustible del despegue es la capacidad del ser humano de soltar el lastre emocional. Creé esta saga con el fin de ayudarte a hacerlo. Este libro, en concreto, contiene las bases de la psicología de las relaciones, tomando conciencia de la principal y más determinante relación: la que tienes contigo mismo.

La suma de los tres libros contiene un transformador aprendizaje para tu relación más importante, tu auto-relación. Con paciencia, comprensión y realizando los ejercicios, te acercas a ser maestro de ti mismo.

**Cuando te conoces a ti mismo eres poderoso, cuando te aceptas a ti mismo eres invencible.**

# 8. EL PODER DE LA GRATITUD PARA EL ÉXITO Y EL PROGRESO PERSONAL

La gratitud es el ejercicio que nos ayuda sobremanera a hacer el encofrado de la vida, es como un cemento armado que sostiene nuestros pilares para hacerlos fuertes y construir más. Cuanto más nos enfocamos en la gratitud de lo que tenemos, más motivos descubrimos que tenemos para agradecer y más cosas vienen, es una cuestión de enfoque y camino.

Cuando das las gracias tomas la vida, si no das las gracias, por más cosas buenas que vienen, no las sientes como tales, no son suficientes y caen antes de levantarse.

El comienzo del éxito en la vida parte por tomarla, por tomar la vida tal y como es; para tomarla agradece lo que va viniendo, paso a paso, día a día, momento a momento.

...

Hay veces en que somos auténticas interferencias impidiendo el normal desarrollo de la vida. Existen dos límites inconscientes: la no aceptación y el sentimiento de no merecimiento. Lo que se consigue con ambos es impedir que las cosas buenas sucedan. Interferir, con nuestras acciones, parando lo bueno por no ser conscientes del paradigma que está ejerciendo una influencia opuesta a la del objetivo o deseo.

El paradigma inconsciente sale a través de la emoción, por lo que es mucho más poderoso, tanto para bien, como para mal. En el primer caso, si es potenciador, nos ayuda a llegar antes a la meta; en el segundo, al ser limitante, interfiere constantemente para que la consigas. El modo de hacerlo es a través de la acción derivada. La clave es ir al punto anterior: a la creencia o paradigma y trabajarlo para cortar su influencia, es decir, para que no ejecutes la acción posterior que te perjudica.

...

Paradigmas funcionales sobre el tomar, el aceptar, el merecimiento y el permitir, son fundamentales para una vida abundante y próspera, para una vida de asentamiento, de seguridad y de tocar pies en tierra. Hacerlo implica ir creciendo de manera gradual, paso a paso seguro.

Hay muchas formas de impedirnos alcanzar cosas buenas en la vida, además del miedo y del no merecimiento, existe un sentimiento estrella a la hora de sabotear los anhelos: la culpa. Emoción tóxica donde las haya, que dificulta realizarnos como personas, crecer y prosperar.

Se trata de una emoción a través de la cual te desvalorizas, disminuyes tu autorrespeto y, de manera inconsciente, te pones por debajo de otras personas.

**De pequeños hemos sido educados a través de la culpa, pero seguir anclados a ella de adultos no tiene excusa.**

Observa si utilizas tu culpa con el fin de evitar responsabilidad. Ponerse por debajo de otras personas no tiene nada de noble, aunque sí es muy cómodo cuando lo que se pretende es no crecer.

...

Los roles disfuncionales de la comunicación están plagados de culpa, entre otras emociones tóxicas. La culpa impide crecer y autorrealizarse, genera machaque mental y es muy dañina para el equilibrio anímico.

La culpa provoca que trabajes sin parar, que vivas sin descanso; a veces, incluso que lo hagas de manera automática, inconsciente. La culpa genera más culpa.

Deja de machacarte por cosas que no son tuyas, suelta el lastre, la carga y la desvalorización. Deja de hacerte daño, la culpa, en sí, de nada sirve salvo para perder energía propia. Para buscar aprobación por doquier y para atacar constantemente a quien tienes alrededor.

La culpa, incluso, impide que lo bueno llegue a tu vida. Evitándolo de manera inconsciente con comportamientos que generan castigo. Para mostrarlo gráficamente, la culpa provoca que tus conductas vayan encaminadas al hacer constante, sin orden ni estructura. En el camino de consecución de metas, la culpa interfiere en el proceso.

Piensa algo:

¿Hay algo que realmente consideras que deberías tener en tu vida y todavía no lo tienes?, ¿Qué es?

...

_______________________________________________

_______________________________________________

_______________________________________________

Toma conciencia de qué manera puedes estar interfiriendo. Eres una persona maravillosa, deja de meterte en encrucijadas. Hay una mentira que orbita alrededor de la mente que desea:

"Si hay algo que no tengo, he de hacer algo más que todavía no he hecho".

No Necesariamente!

La mayoría de veces el error radica en la premisa base.

**Si no tienes algo que deseas, no es necesariamente porque no hayas hecho suficiente, sino porque probablemente estés haciendo demasiado e impidiendo que lo que quieres suceda.**

"Deja de hacer algo", o lo que es lo mismo: deja de impedirlo, deja de hacer aquello que lo impide. Da luz a aquello que estás haciendo o dejando de hacer que lo impide.

...

El ego se las sabe todas, ya sabes que su cometido es protegerte e impedir que salgas de tu zona de confort, creencias vinculadas al no merecimiento son creencias que impiden tener lo que deseas. Cuando crees que no lo mereces, obviamente, no lo vas a tener. ¿Cómo?

Haciendo o dejando de hacer lo que se supone que te ayudaría a llegar a tener eso que deseas.

La culpa es una emoción cuya consecuencia correlaciona con el no merecimiento. La culpa genera castigo y éste dolor, un mecanismo crónico de este tipo conduce directamente al no merecimiento.

Deja ya una conducta que te daña y no te sirve, el merecimiento es la base de la vida. Te mereces ser feliz, vivir en paz. Mereces todo lo bueno de la vida. Te mereces vivir en armonía y felicidad.

Eres un ser valioso, agradece todo cuanto te viene.

Aprovecha cada momento de vida, cada aliento. El ser infinito que eres abarca todo lo que alcanzas a ver. Límpiate las culpas que de poco te sirven, sacúdelas con un espolsador.

La forma de hacerlo es limpiando tus paradigmas, agradeciendo la vida, sustituyendo el discurso de culpa por el de agradecimiento. Depura tus emociones y tus sentimientos!

Las creencias y los paradigmas actúan como filtro, como un embudo, son las gafas con las que ves el mundo. Aunque tengas delante el camino más fácil y sencillo para llegar a tu meta, la creencia limitante te impide poder verlo. Así de sorprendente es, ni más ni menos.

¿Alguna vez te ha pasado que buscabas las gafas por todos lados y al rato te sorprendes con ellas en la cabeza?

...

Es algo parecido.

El "miedo a soltar" o miedo a la pérdida también es un mecanismo que crea resistencia para tomar la senda del éxito. Nos da miedo soltar una creencia limitante o un patrón que nos ha acompañado toda la vida, y con razón, es algo que suele dar mucho pánico. Sin embargo, ese mismo miedo es el que te sabotea y te aleja de tu anhelo.

**El soltar es aquello que facilita el entrar, soltar para dejar entrar. Si no suelto, no puede entrar nada porque estoy lleno.**

Imagina que tienes una taza llena de té y quieres café, lo que tienes que hacer es beberte el té que hay o vaciar la taza. Después podrás poner café.

Necesitas abrir las compuertas del desagüe de la balsa para que disminuya la presión y pueda entrar algo nuevo. La presión es lo que impide que entre algo nuevo.

Cierra los ojos y recuerda un momento en el que alguien te hizo un regalo. ¿Cómo reaccionaste?

...

¿Dijiste "gracias"?

...

¿O dijiste: "no tenías que haberme comprado nada"?

...

¿Qué hiciste?

---

Antes de seguir leyendo, piensa bien. No continúes leyendo hasta que hagas los ejercicios.

En estos pequeños detalles es donde puedes cazar a tu saboteador inconsciente.

Si has tomado conciencia de que evitas aceptarlo, te estás negando a ti mismo el TOMAR, el tomar algo bueno, sí.

Piensa para qué, medita a fondo.

...

---

---

---

Vuelve a cerrar los ojos y a conectar con otro momento en el que te hicieron un regalo:

¿Te sentiste en deuda?

¿Sentiste la necesidad de devolver lo mismo que recibiste?

...

Es algo bastante común que suele ocurrir. Sin embargo, hacer un regalo tendría que hacerse por el simple hecho de regalar y recibirlo dando las gracias. De hecho te propongo que la próxima vez que recibas un regalo lo agradezcas sin más.

Si eres una persona que no obtienes lo que deseas y no sueltas la mente controladora sobre lo que das y recibes, sería interesante que te preguntes a ti mismo y tomes conciencia seriamente de algunas cosas.

¿Qué sientes que te mereces?

...

_________________________________________

_________________________________________

_________________________________________

_________________________________________

_________________________________________

¿Te das a ti mismo aquello que mereces ya sea a nivel material o inmaterial?

...

_________________________________________

_________________________________________

_________________________________________

_________________________________________

Cuando necesitas algo, ¿Te compras aquello que te gusta de verdad o miras primero el precio?

...

___

A veces no nos tenemos en cuenta y esto se ve reflejado en la forma en que nos nutrimos. Podemos tratarnos muy duramente dándonos lo justo, podemos tratarnos con lo mínimo satisfaciendo nuestras necesidades o podemos tratarnos con amor ofreciéndonos lo anterior y dándonos permiso de satisfacer nuestros deseos. ¿En qué medida te nutres: dándote lo justo, dándote lo que necesitas o dándote tus deseos?

...

¿Cómo te relacionas con el dinero: lo reservas por miedo al futuro, a perderlo o lo utilizas según tus verdaderas necesidades y/o deseos?

...

___

___

¿Llegas a satisfacer tus necesidades?, si es así, ¿cómo lo haces?

...

___

___

___

¿Pides abiertamente lo que deseas o callas?

___

Si callas, ¿lo haces por vergüenza, alguna otra emoción o pensamiento?, ¿Cuál/les?

...

_______________________________________________

_______________________________________________

_______________________________________________

¿Te conformas?, ¿tomas lo que te dan aunque no sea lo que quieres?, ¿o eres de esas personas que piden abiertamente lo que desea de manera tranquila sintiéndose segura de sí misma?

...

_______________________________________________

_______________________________________________

_______________________________________________

En el transcurso de sentirte merecedor o de darte algo más de lo estrictamente necesario, ¿aparece la etiqueta "egoísta" en tu mente en algún momento?; si es así, ¿Cuándo?

...

_______________________________________________

_______________________________________________

_______________________________________________

Si no es así, enhorabuena, estás en el camino de crecer hacia tu merecimiento; pero si es así, sientes culpabilidad y su correspondiente sensación corporal, lo cual hace de barrera para tu crecimiento.

Sea el que sea, destapa tu mecanismo inconsciente!

La sensación somática de la emoción es el bloqueo hacia tu abundancia, desbloquea ya! El conjunto de pensamientos, emociones y sensaciones positivas, que fluyen, integran el despegue hacia tu objetivo.

Si te sientes fluir, sigue así, vas por buen camino. En cambio, si sientes bloqueo o tensión, estás haciendo de barrera para lo que dices merecer o querer.

Ante este patrón inconsciente, puede pasar lo siguiente:

-Puedes tener el medio para conseguir lo que quieres pero no tomarlo.

-Puedes tener lo que quieres pero no verlo y, por ende, no valorarlo ni tomarlo.

-Puedes rechazar lo que quieres de manera inconsciente, aunque constantemente aparezca por tu vida.

...

En este momento es cuando el ego se revela, enfadándose y pensando que esto último es imposible. Te aseguro que es posible, simplemente no lo puedes ver, tu ego te lo impide.

Los caminos para conseguir lo que deseas trascienden las fronteras de tu ego. Es de ser bastante ingenuo pensar que sólo existe un camino para conseguirlo, tan absurdo como pensar que sólo existe un punto de vista correcto, de los siete mil millones de personas que habitamos el planeta.

...

Sé consciente de que tu ego, a través de tu programación mental te dice: "esto se consigue así o asá y no hay más maneras". ¿No ves lo absurdo que es?, el cómo es irrelevante.

Nuestro ego es tan limitado que no tiene ni la más remota idea de cómo conseguir lo que deseamos de la manera más ergonómica posible.

¿Por qué?

Pues porque nos complicamos la vida, así de claro: el ego no tiene la creencia de que algo que deseas puede ser fácil, rápido y fluido. Y, sin esta creencia, difícilmente lo será, más bien será imposible.

Si le permites a tu ser mostrarse, éste posee un plan mucho más fácil para la consecución de tus deseos. Además, se da fluyendo con ellos y tomando la vida tal cual viene. Pero, claro, este camino es opuesto al del ego, éste utiliza el miedo, mientras aquél el amor.

...

Tomando el camino del amor, el soltar y la confianza, puedes transitar el camino de una manera auténtica y fluida. Además, el camino del amor es el más positivo para ti y para todas las personas implicadas en el proceso.

Dejemos de controlar de una vez, hazte a un lado y permite que suceda, deja ya de interferir con tu propio ego. Es así de fácil. Aunque el ego no lo crea.

Los caminos son muchos y las posibilidades también. Sin embargo, puedes estar enfocado en las posibilidades o puedes estar enfocado en los obstáculos, en el amor o en el miedo, en hacer que suceda o en evitar lo que no quieres que suceda. Hay excusas que te pondrás en el camino, pero puedes hacerles caso y enfadarte con este libro o hacer que suceda, tú eliges.

...

Por ejemplo, hay personas que utilizan el dinero como excusa para no hacer algo que desean y, aunque lo tengan, no lo utilizan por miedo a perderlo. Lo que sucede es que se pasan la vida sin vivirla, es decir, se pierden a sí mismas.

Otras piensan que el dinero es la herramienta única para conseguir lo que quieren pero, piensa algo:

¿Tú realmente quieres el dinero o quieres lo que deseas?

...

El dinero es un objeto intermediario, ¿quién lo puso ahí como barrera entonces?

Tú sólo.

¿Te lo has preguntado alguna vez? Te aseguro que la vida puede traerte lo que deseas de múltiples maneras y sí, el dinero puede ser una de ellas, pero no todas, aunque tu limitado ego te diga lo contrario.

Haz todos estos ejercicios correctamente y cuestiona tu personaje de verdad. Verás que tu ego se vuelve loco, de eso se trata, de dejar de hacerle tanto caso, de replantearte tus propios paradigmas y de dejarle apertura a posibilidades que están ahí pero que tu ego no quiere ver.

...

**El ego es el único responsable de que no tengas lo que deseas, ¿Por qué? Porque en caso contrario ya lo tendrías, es así de simple.**

¿Por qué crees que otras personas sí tienen lo que desean?

Porque tienen un yo acorde al que necesitan para conseguir lo que quieren, en línea con la personalidad que fluye en el camino que les lleva a dicha meta, ni más ni menos, su ego les ayuda sin interferir.

Si tu marido te ofrece un fin de semana sorpresa, ¿le das las gracias, un abrazo y lo disfrutas o pones pegas de algún tipo?

...

Una amiga te invita a comer y, ¿le das las gracias o le dices no, no hace falta?...

...

Ábrete a descubrirte, sé humilde y deja de lado el orgullo. Cuando alguien te ofrece o te regala algo, ¿lo tomas a manos llenas o, por el contrario lo rechazas de plano?

Si haces lo segundo, demuestras a tu inconsciente que no eres digna de merecerlo. ¿Cómo vas a crear cosas buenas para ti?

...

Permíteme que te recuerde que a veces utilizas una falsa modestia y un orgullo desmesurado, convirtiéndote en "salvador" de todo el mundo y dejando de lado tus necesidades para que te aplaudan. Te conviertes en un ser arrogante para sentirte superior, una falsa sensación de superioridad que no es tal. Pero que, de manera inconsciente, te hace sentir muy bien, por encima del otro. Deja de creerte el único salvador de la humanidad y conecta un poquito más con la humildad, suelta el control y permite que las cosas pasen, no eres el único responsable del planeta. Te ayudará a vivir más tranquilo y a conseguir que tus metas se materialicen antes.

*"Ocúpate en amarte y ayudarte a ti mismo antes de ayudar a los demás para tener una vida sana y en equilibrio"*

A continuación tienes un contenido altamente importante para comenzar a amarte sanamente...

Para comenzar a colocarte en el lugar que debes estar...

# 9. LOS PILARES DEL CRECIMIENTO Y LA PROSPERIDAD: LA TIERRA FIRME Y SEGURA

*"Sólo en aquél lugar donde se siente seguro, puede crecer un ser vivo"*

Cuando te encuentras en una posición inestable no puedes crearte una vida plena, tus emociones te hacen caer. Tienes que ir poco a poco, primero construir tu tierra para asentar tus raíces. Una vez que tengas las raíces firmes, el árbol puede crecer de un modo seguro. Tienes que ir regándolo y dándole luz del sol y cariño. Siendo consciente siempre de lo primero: las raíces en tierra firme.

Las raíces son los paradigmas nucleares que se configuran a través de la programación neurolingüística creada en la más tierna infancia. Puedes cambiarla, crece, el poder se encuentra en el aquí y en el ahora, en el momento presente. Tú eres capaz, tienes el poder y la obligación de crear un arbolito sano y cuidado, de proteger tu templo interior, de soltar aquello que te impide avanzar y de crearte un entorno de tierra firme y nutrida para ti. Tienes las herramientas, los recursos y todo lo que necesitas a tu alcance. Si necesitas más ayuda recurre a los otros libros de esta saga.

Cuando la tierra está firme y segura, dejas a un lado la complacencia, te giras a ti mismo e inicias un recorrido interior, profundo. La vida se abre a tus pies porque sacas el coraje de caminar hacia donde tienes que hacerlo.

Creo en ti!

Abandona el juicio y la crítica de los demás, abandona todo lo que no te sirve; deja ir lo que los demás opinen de ti, es su problema, no el tuyo. Quiero ayudarte desde lo más profundo de mi corazón a empoderarte a sacar lo mejor de ti, a llegar a lo más alto. Quiero que sueltes de una vez esas cadenas que te tienen prisionero, quiero que seas tú mismo de una vez, le pese a quien le pese. Mi propósito de vida es sacar lo mejor de ti, aunque para ser fiel a ti mismo, tengas que cambiar toda tu vida.

Llamé arbolito interior a nuestra parte más esencial, esa parte que se daña cuando operamos desde la complacencia, la culpa, el juicio; una parte sagrada en nosotros que ha de ser cuidada, una parte que no es tenida en cuenta cuando operamos desde el rol de irrelevante o con una actitud hiperracional.

**¡Tu arbolito interior es como tu bebé, míralo protégele ámalo, dale cariño, ternura, afecto. Préstale atención! Quiérelo tanto como puedas, cuídalo para que él te cuide a ti y te sostenga.**

Lo primero de todo es ver cómo se encuentra tu arbolito interior. En este apartado realizas un diagnóstico para adentrarte, a posteriori, en tus profundidades emocionales. Veamos cómo se encuentra tu arbolito interior:

Párate y piensa...

¿Cómo te sientes?, ¿cómo se siente tu arbolito?

...

Haz un diagnóstico de tu situación actual:

¿Te sientes seguro de ti mismo en todo lugar y circunstancia?

¿Tu sensación interior más frecuente es de arraigamiento o de inestabilidad?

...

¿Qué es para ti pisar tierra firme?

...

¿Pisas tierra firme cuando te comunicas?

_______________________________________

_______________________________________

¿Te das licencia para hacerte de valer expresando lo que sientes?

_______________________________________

¿De qué manera?

_______________________________________

_______________________________________

_______________________________________

¿Lo haces con la persona adecuada, en el momento adecuado y en el lugar adecuado?

_______________________________________

_______________________________________

_______________________________________

¿Qué lugar ocupan tus opiniones y sentimientos frente a las opiniones y sentimientos de los demás?

...

_______________________________________

_______________________________________

_______________________________________

¿Eres capaz de darte "suelo" a ti mismo: tierra, seguridad, calma, palabras de aliento?

_______________________________________________

_______________________________________________

_______________________________________________

¿Cómo te autorregulas cuando quieres expresar tus sentimientos?

...

Escríbelo minuciosamente, es importante para ti.

_______________________________________________

_______________________________________________

_______________________________________________

_______________________________________________

_______________________________________________

¿Confías en tu capacidad para expresar con honestidad y asertividad tus propios sentimientos?

_______________________________________________

¿Delante de quién?

_______________________________________________

_______________________________________________

_______________________________________________

_______________________________________________

¿Ante qué personas te impides ser asertivo y mostrar tus propios sentimientos?

_______________________________________________

_______________________________________________

_______________________________________________

_______________________________________________

¿Por qué motivo?

_______________________________________________

_______________________________________________

_______________________________________________

_______________________________________________

_______________________________________________

A continuación escribe todo lo que has hecho por ti para conseguir alguna de tus metas, ya sean comunicativas o no. Escribe las acciones reales que traducen el empeño, tesón y confianza en ti mismo para conseguirlas:

_______________________________________________

_______________________________________________

_______________________________________________

_______________________________________________

_______________________________________________

Piensa algo:

¿Qué cosa o persona ocupa la mayor parte de tus energías, esfuerzos, acciones y pensamientos?

...

_______________________________

_______________________________

_______________________________

_______________________________

_______________________________

¿A qué cosas o personas te "enganchas" emocionalmente y qué emoción es la del enganche?

...

_______________________________

_______________________________

_______________________________

_______________________________

_______________________________

Conéctate contigo mismo, céntrate en ti mismo para que todo esté en su lugar, suelta los enganches emocionales y apuesta por ti que ya te toca.

...

Conforme vamos cumpliendo años, nuestra energía vital va disminuyendo. De jóvenes tenemos energía inagotable, de niños más todavía. Sin embargo, cuando somos mayores, cada mañana nos levantamos con unas cucharaditas de energía al día, cuando las hemos agotado, se acabaron y ya no hay más hasta el día siguiente. Así que será muy recomendable, si deseas tener equilibrio y una vida acorde con la paz interior deseada, que seas consciente de a qué cosas dedicas tu energía y cómo dosificas tus recursos; todo ello con el fin de que tengas las suficientes pilas como para hacer tus cosas más importantes. Si quieres respeto, tienes que comenzar autorrespetándote a ti mismo.

Piensa algo:

¿Hay alguien a quien sigas diciendo que sí queriendo decir que no?

...

_______________________________________

_______________________________________

_______________________________________

_______________________________________

¿A qué personas no te atreves a confrontar?

...

_______________________________________

_______________________________________

_______________________________________

¿Por qué?

_______________________________________

_______________________________________

_______________________________________

_______________________________________

¿Qué consecuencias tiene esto en tu espíritu y energía?

...

---

¿Y en tu vida?

...

---

Piensa lo siguiente:

¿Qué cosas tuyas dejas de hacer por hacer las de otros?

...

---

Reflexiona, se trata de ejercicios de toma de conciencia para ti y tu bienestar. Permítete recuperar el equilibrio.

**Cuando dices a otra persona "sí", queriendo decir "no", lo que estás haciendo realmente es decirte "no" a ti mismo.**

Si tienes la costumbre de rechazar tus sentimientos frente a los sentimientos de los demás, ¿cómo esperas que tu vida funcione?

...

Si le das prioridad y protagonismo en tu vida al árbol de otra persona, ¿cómo crees que acabará tu árbol?

...

Sólo existe una excepción en este último caso: los hijos cuando son pequeñitos. En esta excepción, está claro que ellos son una prioridad, porque dependen de ti para crecer y alimentarse, para nutrirse de amor y equilibrio. En nosotros está el dárselo, pero recuerda: nadie puede dar lo que no tiene, así que si deseas ayudar a tu hijo, sánate como padre y como madre, así podrás ofrecer las herramientas adecuadas porque ya las has desarrollado en ti.

Agradécete por estar leyendo este libro, por creer en ti y apostar por tu crecimiento. Eres una persona maravillosa llena de recursos y de conocimiento ancestral que te ayuda a crecer y a expandirte. Eres un Dios creador de tu vida, hacedor de milagros y capaz de trascender toda experiencia. Sánate para ofrecer ese regalo a tus hijos, abraza tu luz y tus sombras. Al fin y al cabo eres contenedor de ambas. Date la oportunidad de estar en equilibrio para hacer algo bonito desde el disfrute. Comparte con tus hijos ratos llenos de vida y esperanza, abandona el peso y la carga. Agradece su presencia y alegría, sus risas y juegos.

El auténtico poder personal actúa desde la cara opuesta al esfuerzo constante y a la fuerza. Deja ir la vergüenza, la culpa, el no merecimiento de tu interior, sácalo, encamínate a conseguir tus deseos y a actuar en consecuencia. Rompe el modo "bucle" y los círculos viciosos.

A veces no todo es como parece, en ocasiones caminas y sientes que has ido hacia detrás. Sin embargo, cuando pasa el tiempo observas que no es del todo cierto. A veces sucede que, tras ese salto para detrás, das un salto más grande hacia delante.

...

Cuando hablamos de paradigmas que operan a nivel profundo, has de ser consciente de que éstos no se detectan en la mente, sino en el cuerpo; la conciencia corporal es tu mejor aliada en momentos donde sientes que algo está sucediendo pero no sabes el qué, recurre a tu cuerpo y tu intuición te ayudará sintiéndote. Siente tu cuerpo en el momento oportuno, tu cuerpo habla, aprende a escucharlo. Quiero remarcar que tu cuerpo es tu tierra, bajar a tierra es bajar al cuerpo.

**La tierra ha de estar firme y segura para que tus proyectos florezcan, para autoafirmarte y para hacerte de respetar.**

Cuando estás acostumbrado a escuchar tu cuerpo es un vendito porque lo dice todo. Detecta si estás haciendo oposición a lo que deseas, puedes detectar si estás interfiriendo, si lo estás posponiendo y, por supuesto, puedes detectar si lo estás tomando. Todo ello y mucho más lo detectas cuando tienes una alta conciencia corporal.

Siente como fluye la energía a través de tus meridianos corporales. El fluir energético te hace sentir vivo. Por eso es tan importante guardar espacios de silencio a menudo contigo mismo, para permitir que la energía universal entre dentro de ti. Permite que tus raíces reposen y se arraiguen, siéntete bien en este lugar, esto es lo que deja espacio a la vida.

**Ofrécete una experiencia maravillosa bajando a tierra con el siguiente ejercicio. Hazlo a diario para que tu vida mejore:**

Túmbate unos quince minutos, mínimo, en el sofá o en la cama y respira profundamente.

...

Utiliza la respiración abdominal para bajar por todo tu tronco intencionalmente.

Haz consciente cada respiración, cada inspiración y cada expiración...

Conforme vas abriendo espacio en tu interior, ve recorriendo tu cuerpo de pies a cabeza, realizando un barrido corporal, simplemente observando todas y cada una de las partes de tu cuerpo.

Deja de lado todo juicio, sólo se trata de observar, de ser consciencia observadora. De dar luz a cada poro de tu cuerpo para conocerlo más y entablar una conversación con él...

Después vuelve a conectar con tu respiración consciente y vuelve a abrir los ojos tras un suave movimiento de pies y manos.

**Aprovecha este momento para tu plena conciencia de quince minutos, para, ve y respira.**

...

**Después de este rato te espero para continuar leyendo...**

**HAZLO DE VERDAD, HAZLO AHORA. ES LA PRUEBA DE QUE ESTÁS COMPROMETIDO CONTIGO Y DE QUE TE AMAS.**

**SI QUIERES CAMBIAR TU VIDA Y SANAR TU MENTE NO PIENSES EN ELLO, SÓLO HAZLO YA!**

...

Para las personas de acción hay más actividades que puedes practicar para bajar a tu cuerpo, por ejemplo yoga o danza orgánica, deporte o cualquier tipo de baile; si deseas abrir nuevos espacios en tu caminar, juega con un niño en el parque, haz actividades creativas como cocinar o meter las manos en barro, construye; en definitiva, haz actividades que te conecten y te hagan desarrollar el hemisferio derecho cerebral.

Suelta tu mochila de piedras para caminar más ligero por la vida usando todas las herramientas de esta saga.

Vivir desde la tierra firme y segura se hace con amor, implica aceptación, no sólo de ti, sino del todo. Es algo que te ayuda a conseguir la paz interior y a tener la certeza de que todas y cada una de las cosas que suceden en tu vida son parte del camino, son para ti y para bien, te llevan hacia donde quieres ir. Créelo porque así es!

...

Escucho a personas que sienten que otras conspiran contra ellas, que les hacen daño o que, de alguna manera interfieren en sus propios deseos. Escucho múltiples excusas de personas que prefieren culpar a otros y quitarse su propio poder porque ésa es una postura mucho más cómoda. Puedes tomar una postura cómoda o puedes preguntarte: ¿Por qué no pensar al contrario?

...

**Prueba a ser un paranoico al revés, piensa que el universo conspira a tu favor, verás cómo funciona.**

...

Se trata de un ejercicio para los valientes que tienen las agallas de hacerlo.

Cuando tengas un deseo, camina hacia él, durante ese camino pueden aparecer obstáculos y dificultades, así como circunstancias imprevistas, no tengas resistencia, acéptalo todo y piensa que todas y cada una de las cosas que te suceden son para llevarte a tu meta, verás qué pasa!!

...

El ego quiere controlar y saber cómo llegar, el SER sabe y confía. Si le das cancha al ego coges los datos que tienes almacenados en la memoria para proyectarlos al futuro.

Sin embargo, el SER posee una inteligencia superior, EL SER SABE, CONOCE, TIENE LA CERTEZA, SUELTA EL CONTROL, SE DESAPEGA, CONFÍA EN SÍ MISMO, es una parte que todos tenemos y que va más allá de cualquier personaje con el que nos identifiquemos.

¿Cuántas veces te han dicho confía y no lo has hecho?

...

_______________________________________________

_______________________________________________

_______________________________________________

¿Cuántas veces has elaborado pensamientos horrorosos en tu mente sobre escenarios futuros que todavía NO habían sucedido?

¿Cuál fue el resultado en cada una de esas situaciones?

Dejemos ir el no quiero y sustituyámoslo por el sí quiero. Piensa en lo que sí quieres conseguir, qué es lo que deseas conseguir. Si te permites conectar con tu parte de sabiduría infinita que proviene desde lo más profundo de ti, si te das permiso para SENTIR en mayúsculas, es más sencillo para ti vivir y construir cualquier experiencia.

De momento, comienza a bajar del mapa (mente) al territorio (cuerpo). Escucho en consulta, casi a diario, a personas que me preguntan:

¿Pero cómo me relajo?

Y, a continuación, aparece por sus voces la trampa del ego: "es que tengo estrés y no paro de pensar para pararlo, pero no se para".

Esto es justamente lo que NO hay que hacer! Precisamente "pensar" es lo que hace el ego para confundirte, el te hace creer que has de usar la mente para parar tu mente. Craso error!

Te confunde y sigue dándote vueltas a eso que traes en tus pensamientos para no parar. Cuando tienes mucho estrés mental sigues pensando, sigues como intentando buscar una solución o darle una respuesta a eso que piensas. Nada más lejos de la verdad, realmente el trabajo no va por ahí. Va precisamente haciendo lo contrario, es decir, parando la mente.

...

Recuerda siempre:

**A la mente no se la controla desde la mente.**

En momentos de estrés mental haz cualquier ejercicio que te ayude a tomar conciencia corporal: baila, danza, canta... Permítete abrazar la vida. Permítete abrazar tu vida, permítete sentir, la vida pasa por delante de tus narices.

...

**Párate a aceptar la vida tal y como viene, como es. Párate a sentir tu vida**

Siente la vida de verdad, permítete sentir la vida y tomarla a cada instante, siente la dicha de la vida misma, siente lo que provoca en ti la sonrisa de un niño, párate a respirar la brisa en la playa, el olor de la montaña, degusta lentamente un plato de cocina hecho por ti. Siente una vez más que haces el amor con tu pareja.

...

Anota los aspectos sensoriales y emocionales asociados que aparecen en medio de esas experiencias? Conecta con ellos, Descríbelos.

Son tus experiencias!

_______________________________________________

_______________________________________________

_______________________________________________

_______________________________________________

_______________________________________________

_______________________________________________

Aprovecha para ir directo al grano, aprovecha lo que has adquirido gracias a realizar el ejercicio de visualización anterior y responde honestamente estas preguntas.

¿Qué es lo que realmente te hace sentir pleno?

_______________________________________________

_______________________________________________

_______________________________________________

_______________________________________________

_______________________________________________

¿Qué es lo que realmente te nutre el alma? Reflexiona y anótalo.

---

¿Qué personas te hacen bien de verdad? Reflexiona y anótalo.

---

Ahora profundiza, ¿Qué es eso que tienen esas personas para hacerte sentir así de bien?

...

---

¿Qué es lo que realmente necesitas para vivir en paz y equilibrio?

...

Escribe las cosas fundamentales para no olvidarlas nunca.

---

———————————————————————————

———————————————————————————

———————————————————————————

———————————————————————————

———————————————————————————

¿Qué es lo que te hace sentir vivo, plenamente?

...

———————————————————————————

———————————————————————————

———————————————————————————

———————————————————————————

Ahora ve delante de un espejo, respira profundamente y mírate a ti mismo,

¿Qué ves, qué sientes?

...

———————————————————————————

———————————————————————————

———————————————————————————

———————————————————————————

Mira tu reino, gírate a ti mismo, valórate. Date permiso para autoafirmarte. Dite ahora mismo lo que vales, mírate a los ojos y ofrécete la verdad:

"Soy un ser valioso"

"Me acepto plenamente tal y como soy"

"Merezco una vida plena"

"Me doy permiso para ser mi prioridad"

"Suelto y dejo ir aquello que me impide avanzar"

"Soy abundancia y plenitud"

"Mi vida es perfecta tal y como es"

"Me doy permiso para amarme a mí mismo"

...

Anota a continuación todas aquellas frases que consideres añadir a las anteriores. Recuerda siempre utilizar un lenguaje positivo:

___________________________________________

___________________________________________

___________________________________________

___________________________________________

___________________________________________

___________________________________________

___________________________________________

Yo te veo, te siento, creo en ti. Sé que eres capaz de cambiar para bien cualquier realidad o circunstancia que se te presente. Sé que puedes darle la vuelta a cualquier cosa y que puedes soltar esa cadena que te ata a quien no te quiere bien. Eres un ser valioso, amor infinito, sé tu prioridad!

...

Llegamos a los últimos apartados de esta trilogía. Es momento de hacer balance y conectar con la honestidad. Recuerda la importancia del propósito de vida tratado en el primer libro: "Fortaleza Espiritual". Ahora has de volver a él para reforzarlo.

¿Te ves?

---

¿Quién eres, qué lugar ocupas, dónde estás, cuál es tu papel en el mundo?

¿Cuáles son tus dones?

---

---

---

---

---

Cuando estás sanando y tienes el coraje de atravesar tus miedos, te das cuenta de lo que realmente eres capaz, comienza a hacerlo. Nadie puede ayudarte excepto tú mismo, escúchate a ti mismo y conéctate con aquello que realmente eres, tu SER.

**Toma consciencia de tu grandeza, de dónde eres capaz de llegar.**

Date cuenta de que el esfuerzo es inútil, que no necesitas hacer tanto esfuerzo, que la vida sólo te pide que seas feliz y coherente con quien eres, que estés aquí y ahora siendo feliz, que hagas tu papel y que, desde tus dones, ayudes a la humanidad. Conectar con tu propio poder te da la fuerza, la presencia de quien eres de verdad, más allá de lo que te hayan dicho que eres, más allá de toda etiqueta o personaje con el que te identifiques.

La presencia es una herramienta muy valiosa que te aporta TODO en cualquier momento en que lo necesites. Estar presente en el aquí y en el ahora te conecta con el estado de presencia y de poder, soltar cualquier apego e inseguridad siendo fiel a tus propios sentimientos es el comienzo de tu siembra.

Para ser fiel a tus sentimientos, necesitas conocerlos, saber cuáles son. Respira y conecta con tu cuerpo, con tus emociones. Cuando no estás conectado, vives desde la mente, únicamente desde el mapa, perdido en un laberinto sin salida y actuando constantemente sin obtener resultado o sin finalizar las cosas que quieres dejar hechas, cambiando de camino una y otra vez constantemente sin llegar a ninguna parte.

**Vivir desde la mente o desconectado equivale a matar al capitán de tu barco, vivir conectado con tus auténticos sentimientos te garantiza llegar a buen puerto.**

Ahí no hay equivocación en el rumbo, hay capitán y brújula, hay pasión y autenticidad en lo que haces, sea lo que sea. Cuando te desconectas y haces lo "correcto" o lo que se "supone" actuando desde la mente, automáticamente matas a tu capitán para dar un volantazo. Sin suerte pierdes el rumbo, con suerte llegas al lugar "correcto" que te dice tu mente.

...

¿Alguna vez te sentiste vacío a pesar de conseguir lo que decías desear?

...

---

Deja de obligarte a hacer cosas que no deseas ni te hace feliz hacer, detente, para y mira si esas cosas son originariamente tuyas o de otra persona.

¿Quién tuvo originariamente muchos de tus "debería" o "tengo que"?, ¿A qué voz correspondían?

...

Este ejercicio no es nuevo pero sí importante para que coloques los pesos donde corresponden, para que te deshagas de lo que no es tuyo y sueltes las cargas que llevas con el único fin de complacer a los demás.

---

---

---

---

---

---

---

Una vez que tengas claro a quien corresponde cada "debería" y "tengo qué", es momento de soltar, de devolver ese peso a esa persona de la que surgió esa programación.

Para ello, vas a realizar un ejercicio simbólico y muy eficaz para soltar lastre:

Coge tantas hojas en blanco como necesites, en cada una de esas hojas escribe el nombre de la persona en cuestión, ejemplo: mamá, papá, tía, abuela, etc. (sólo una hoja por persona).

Después coge varios puñados de piedras, un puñado por persona y, a modo de devolución, vas a realizar la acción de colocar cada uno de esos puñados de mandatos a cada una de las personas desde la cual partió.

Hazlo en orden, una tras otra. Recuerda que los padres son la figura más importante. Mientras llevas esas piedras en tus manos para devolverlas, di en voz alta la siguiente frase:

"Gracias por todo pero este peso no me corresponde, te devuelvo tu parte, me libero de lo que no es mío para abrir espacio a lo que sí me corresponde. Gracias, gracias, gracias."

...

Cuando vives desde un lugar intelectualizado pasas la mayor parte de tu vida intentando controlar y organizar, hacer y programar la propia vida; cuando lo haces, además de agotarte, sientes que nada o poco sale a flote. Cuando aprendes realmente que lo importante es el poder y no la fuerza, el sentir frente al deber, cuando lo integras, fluyes. La vida te da lo que necesitas a cada momento sin apenas esfuerzo.

Cuando descubres quién te sugirió lo que debías hacer, ya sea con su refuerzo o con su ejemplo, abrázalo con amor en tu mente y dale las gracias porque lo hizo por amor. Perdónate por haberlo cargado durante tanto tiempo, pues también lo hiciste por amor a esas personas.

Luego sigue tu rumbo. Dile que ese no es tu camino, dile que ese camino es el que él o ella querían para ti pero no es el que tú quieres realmente para ti. Ve a ti, respira y conéctate contigo mismo, sé honesto.

...

Encontremos tu rumbo, saquemos de ahí dentro, de todas esas capas de "debería" tu sendero de vida. Haz el ejercicio sin forzarte, sin expectativas de ningún tipo, fluye y permítete que aparezca lo que tenga que aparecer:

Tómate todo el tiempo que necesites!

Siéntate relajadamente, respira profundamente, conecta con tu niño interior y toma conciencia de algunas cosas:

¿Qué cosas te gustaba hacer de pequeño?

...

_______________________________________________

_______________________________________________

_______________________________________________

_______________________________________________

_______________________________________________

_______________________________________________

¿Qué cosas se te daban bien o en qué cosas sobresalías?

...

_______________________________________________

_______________________________________________

_______________________________________________

_______________________________________________

_______________________________________________

_______________________________________________

¿Qué dones tenías que otros no tenían?, ¿En qué cosa eras mejor que nadie?

...

A lo mejor eras un número uno haciendo magdalenas o escuchando a tus amigos, haciendo el pino, quizá nadie te encontraba jugando al escondite, etc.

Escríbelo...

_______________________________________________

_______________________________________________

_______________________________________________

_______________________________________________

_______________________________________________

_______________________________________________

_______________________________________________

No importa lo que aparezca, sea lo que sea no te juzgues, porque toda información esconde un gran tesoro. Si el camino que has escogido hasta ahora no te ha servido, ya es hora de que hagas algo diferente.

Mi misión es acompañarte y ayudarte a que te des cuenta de algo:

**Todas las decisiones que has tomado en tu vida de manera inconsciente fueron motivadas desde un rol psicológico concreto. Éste se construye por tu lenguaje intrapersonal, es decir, el que tienes contigo mismo. El cual originariamente se gestó motivado por tus relaciones primarias.**

**Tú muestras inconscientemente tu rol a los demás a través de tu comunicación, es decir, lo trasladas al exterior a través de tu lenguaje interpersonal, el que tienes con los demás. Así se construyen todas tus relaciones.**

Sanar tu lenguaje y tu comunicación es sinónimo de sanar tus relaciones. Complacer sistemáticamente las demandas de otros te agota como persona. Sanar ese vínculo tóxico es fundamental para crecer y poner límites a patrones tóxicos; clave para construir un vínculo sano contigo mismo.

Volvamos a tus capacidades, vuelve a la infancia, navega a través de tus capas de cebolla y ve a la esencia del maravilloso SER que eres. Ahora pregúntate:

¿Cómo puedo aplicar esos dones que tengo a mi contexto de vida actual?, ¿De qué manera puedo aprovechar mis capacidades?

El pensamiento creativo es fundamental para dar con tu información más valiosa. Tómate todo el tiempo que necesites.

...

_______________________________________________

_______________________________________________

_______________________________________________

_______________________________________________

_______________________________________________

_______________________________________________

_______________________________________________

A lo mejor eras una persona que sabía escuchar muy bien a tus amigos; esto hoy en día se sustituiría por ser una persona empática con capacidad de escucha y sostén emocional; si eras bueno haciendo magdalenas, cualidades como la creatividad, la paciencia y el cariño están en ti; si tu don era esconderte bien jugando al escondite, probablemente a día de hoy seas una persona que posee un poder de abstracción consciente propio de estrategas y una visión espacial mayor que la de otros.

...

Haz los ejercicios y exprime este libro de verdad, el gran esfuerzo que realizas siempre tiene su recompensa.

**Pasa de la lucha constante y del no parar a la acción correcta que mueve tu mundo como la palanca de Arquímedes.**

**Ten paciencia y trabaja en ti, cuando tu alma desea algo, lo obtiene, antes o después pero lo obtiene.**

Si dejas un poco de lado el ego y te das permiso para que el alma (SER) te lo traiga, sin control, sin necesidad de programar más allá de lo saludable, viene y mucho antes de lo que podría traerlo tu mente.

Comienza a vivir desde ese estado, date cuenta de cómo todo a tu alrededor cambia, date de verdad, toma la vida, mira las muchas cosas que antes no veías, cosas que estaban ahí pero que no podías ver. Date cuenta de que lo único que tienes es el momento presente, el espacio-tiempo presente.

El mejor legado que puedes dejar a tus hijos es aquello que tienes dentro, es el amor, tomarlo, tomar la vida, abrazarla, aquí y ahora. Ser consciente, saber VER en mayúsculas.

¿Puedes VER a tus hijos?...

---

¿Te has sentido VISTO por tus padres?...

---

Si la respuesta a la segunda pregunta es no, probablemente la respuesta a la primera pregunta sea no, a no ser que lleves a tus espaldas un fuerte trabajo de crecimiento personal.

Todos y cada uno de los roles disfuncionales de la comunicación se gestan desde la más tierna infancia, crean el perfil psicológico del comunicante y construyen la personalidad del futuro adulto. Párate y siente con calma y consciencia.

Vive desde la aceptación, toma la vida, baja a la tierra, camina y mira lo que tienes delante, comienza a VER de verdad, a ver aparecer los milagros y causalidades, a sentirte lleno, deja de exigir y comienza a dar. Cambia la sensación de carencia por una de plenitud, tranquilidad y aceptación.

Si tu estado interior cambia, como consecuencia, tu estado exterior también cambia y todo aquello por lo que has estado luchado durante tanto tiempo, comienza a llegar de una manera sencilla, suave, pausada y bonita. Como un goteo de amor constante.

Cuando realmente quieres algo pero llevas una vida de lucha, de esfuerzo sin apenas conseguir nada, estás inmerso en la trampa del ego. Deja de darle coba a tu personaje; a él le gusta controlarlo todo, insiste en que se haga su voluntad y, además, de la forma en que él lo desea, es decir, de la manera que él "conoce".

...

**Pon en práctica la confianza y la paciencia, conceptos que van de la mano. Gírate, camina en el mismo sentido que ellos, la vida se despliega delante de ti.**

Hazlo, abre paso a la nueva etapa donde ya no existe lucha, ni cansancio, sino mucha energía y amor, una forma de vivir presente soltando aquello que te impide avanzar. Vívelo con plena aceptación, libre de anclajes emocionales. Acepta las circunstancias, libera el anclaje.

Liberarte de un anclaje emocional supone un pie más en la tierra para caminar, sembrar y regar la semillita que vas cuidando cada día.

Nutre tus semillas tomando la vida en constante presente, abriéndote al instante, regando tu tierra a cada momento en que la sientes seca. Siendo consciente de ti. Llénate para dar a los demás, ésta es la auténtica alegría, dar amor desde un desbordamiento de amor propio.

Date amor, comprensión, compasión y entendimiento, así puedes darlo a los demás. Escucha tu verdadero SER, en el silencio y en la quietud de cada meditación. Esa escucha sólo está dentro de ti, no te la puede dar nadie. Párate y escúchate, date a ti mismo unos minutos diarios para escucharte, sólo tú tienes tus respuestas, nadie más las tiene.

Permite que fluya en ti esa energía cada día, una dosis diaria de vida a la que puedes abrirte con plena conciencia. Ésta es tu verdadera gasolina; ni las cosas, ni las pertenencias, ni tu casa, ni nada de nada, sólo la energía vital es tu auténtica gasolina de vida.

...

Despierta del sueño, la energía es lo que mueve el mundo, te mueve a ti, a mí y a todos, es la que crea las cosas.

**Tú eres el único responsable de darle paso al amor o impedírselo mediante el miedo.**

Puedes buscar éxito, dinero, amor, comida, disfrute, cualquier cosa que llene tu vacío pero sólo lo hará momentáneamente. Sé que lo sabes y que no puedes seguir engañándote por más tiempo.

Desde fuera el vacío se llena momentáneamente, desde dentro se construye y perdura, ayudándote a ti a construirte, dándote la fuerza suficiente para ayudar a otros a hacer el mismo trabajo. El secreto de la vida es dar.

Al llenar tu vacío de verdad, te das el permiso de ser tú mismo y funcionar desde el "yo soy en mí".

**Estar en ti es el mayor regalo que te puedes hacer. Esto es habitar tu cuerpo con tu alma.**

El camino ya lo has iniciado, comienza con la soledad y la distancia, con el camino del autoconocimiento del guerrero. Una vez te encuentras a ti mismo ya nadie te puede parar, ni hundir, no tienes excusas para sentirte una víctima, no necesitas la complacencia de nadie y, además, sabes muy bien qué has de hacer.

¿Sabes que aporta todo esto?

SOSTÉN EMOCIONAL!

Si tú te sostienes, la vida te sostiene. Quizá hayas pasado la mayor parte de tu vida sintiendo que ésta no te sostenía, que cuando algo parecía arreglarse, otra cosa se estropeaba. Esto no es relevante, sólo te hace de espejo interior. Te caes de verdad sólo si crees que te caes, la caída se provoca inconscientemente cortando el fluir de vida, cortando la energía te impides a ti mismo ser sostenido por la vida.

Quizá te sientes identificado y te preguntas cómo dejar de impedir tu fluir, a lo que puedo responderte:

**Deja de controlar y abraza la vida tal y como viene, entra en ti, en tu reino y aliméntalo de cosas bellas, respeta tu zona sagrada, no permitas que nadie la picotee.**

**Mantén un lugar secreto en tu interior donde sólo tú tengas acceso. Después riégalo a diario, cuídalo como al niño pequeño que llevas dentro, protégelo ante todo.**

La vida se corta a través de mensajes negativos, de autoexigencia, de miedo profundo, así se daña esa parte sagrada. A veces no es suficiente y también se corta el fluir de los demás, llenándoles de emociones tóxicas, vomitando nuestras miserias. Otras veces nos convertimos en las aspiradoras emocionales de los demás, sólo para que nos quieran. Cambiemos nuestra conducta por amor y respeto hacia nosotros y hacia los demás.

Mira hacia donde tienes que mirar, tu vida comienza a desplegarse ante ti y a funcionar. Toma conciencia de lo sencillo y bonito que es vivir. Contacta con la prosperidad y la abundancia, con el amor, el sostén y la paz que ello contiene. Hacerlo implica tener la mejor sensación y más gratificante: el sentirte sostenido por la vida, verte a ti mismo de verdad. Desde este punto la vida se transforma en crecimiento y abundancia, conectas con la tierra. La prosperidad y la abundancia parten del dar, dar de una mano y tomar desde la otra.

Hay un error que se comete cuando la persona se mueve en tierra tóxica: dar esperando recibir algo a cambio por esa misma vía. Si miras en esa dirección, no puedes ver toda la abundancia que viene por otra.

...

¿Has mirado cuidadosamente a un familiar a los ojos?, ¿a un buen amigo?, ¿a alguien que aprecias?, ¿a ti mismo?...

Ve al espejo más cercano que tengas. Hazlo en este momento y mírate. Ten el coraje de mirarte a los ojos y dite lo mucho que te aprecias. Di a esa persona que es importante y que merece todo lo bueno.

...

Hazlo, pero hazlo bien. Conecta con tu fuerza de vida, siente cómo te llena tanto como para no necesitar más a lo largo de este día.

Cuando una persona está "enganchada" al drama se impide vivir de verdad. La autoexigencia constante, el no parar, el querer hacer más y más. No son más que resistencias a tu bienestar. El ego te cuenta la milonga de siempre pero puedes querer llevar razón o aprovechar este libro, junto con toda la saga, y ser feliz el resto de tu vida. Sé que elegirás bien porque eres muy inteligente.

Hazte el regalo de darte cuenta de verdad de que no te sostiene el trabajo, ni el dinero, ni nada externo a ti, comienza a transitar tu camino. Toma la piedra filosofal, la energía transformadora, fuente de toda transformación: el amor. Es una energía tan potente y poderosa que puede con cualquier reto, por lo tanto no tienes que hacer gran cosa, lo primero relajarte y lo segundo conectar con esa energía, lo tercero asegurarte de mirar donde tienes que mirar, el foco que te da esa energía. Por lo tanto, entra dentro de ti, activa el interruptor y date permiso para ver diferentes enfoques de la realidad que anteriormente tenías. Tu vida comienza a ir como tiene que ir.

...

En estados de conciencia corporal ves que hay momentos en que esa energía fluye. Por ejemplo, cuando sientes miedo o sientes estrés, tu cuerpo está encogido y completamente presionado por tu sistema nervioso, no hay espacio en tu cuerpo entre las células, sólo hay presión.

**¡SUELTA LA PRESIÓN Y ABRE PASO AL AMOR Y A LA ABUNDANCIA!**

Veamos algo:

¿Cuándo fue la última vez que reíste?

...

_______________________________________________

_______________________________________________

_______________________________________________

_______________________________________________

¿Cuándo fue la última vez que jugaste como si fueras un niño?

...

_______________________________________________

_______________________________________________

_______________________________________________

_______________________________________________

¿Cuándo fue la última vez que disfrutaste de verdad?

...

_______________________________________________

_______________________________________________

_______________________________________________

...

Todo en la vida necesita un equilibrio, sabes que ningún ser vivo puede crecer en un lugar donde no se siente seguro, dale seguridad a tus raíces, pero dásela desde dentro. Tus raíces son tuyas y sólo te necesitan a ti para hacerse fuertes. Para ello no tienes que hacer absolutamente nada, más bien tienes que dejar de hacer: dejar de estresarte, dejar de asustarte, dejar de lanzarte mensajes de culpa y automachaque, de resentimiento, sólo tienes que soltar los juicios y creencias limitantes, los paradigmas de dolor, de no valía ni merecimiento. Deja ya de excusarte y buscar culpables, no te importa de dónde vienen, lo que te ha de importar es soltar aquello que te hace daño y punto. Deja de poner culpas y excusas fuera, ¡hazlo de una vez!, olvídate de dónde y cuándo aparecieron, deja de perder energía en culpar a los demás y ocúpate de ti por una vez.

...

Hazlo y date cuenta de lo grande que eres, lo hermoso que eres, lo valioso que eres, como ser que eres, un ser divino. Háblate a ti mismo como lo harías con un niño pequeño, como lo harías con tu hijo, con tu bebé, porque tú eres tu bebé. Háblate a ti mismo de tal manera que puedas mirarte al espejo y ver cómo brillan tus ojos, trátate con amor y cariño para que tus raíces comiencen a sentirse seguras. Dite lo que vales, cierra la puerta al exterior y al discurso infernal, ya no te sirve, pasa página. La vida es limitada y el tiempo también, pasa página. El tiempo es corto, la vida es corta, deja de poner excusas.

*"Encuéntrate a ti mismo y el mundo te encontrará, mírate a ti mismo y el mundo te verá"*

**Ana de Juan**

***"Hasta que no puedas ver a quien te ve, nadie te verá"***

**Alejandro Jodorowsky**

Haz el siguiente ejercicio, es muy esclarecedor. Tómate tiempo porque no es fácil:

Párate y date cuenta por una vez de quién te mira de verdad, quién te admira, quién te busca.

…

Después observa cómo le tratas, si le miras, le admiras y le das su lugar.

…

Mira a ver quién te mira y a quien miras tú. Quién te admira y a quién admiras tú.

…

_______________________________________

_______________________________________

_______________________________________

_______________________________________

_______________________________________

_______________________________________

¿Coinciden?

_______________________________________

En muchas ocasiones no coinciden, por lo que te reto a tomar conciencia de algo:

¿Cómo hablas a la persona que te admira?

---

---

---

¿La tratas con respeto y bondad?

---

¿Cómo tratas a la persona que quieres que te vea? (es decir, alguien que no te ve)

---

---

---

¿Cómo te trata ella a ti?

---

---

---

Medita profundamente sobre este último apartado.

Las personas que pueden verte son aquellas a las que puedes impactar con tu vida, ayuda y enseñanzas. Mirar al lugar correcto es un signo de conciencia e inteligencia.

**"Observa bien a quién ignoras porque el que daña a quien le puede ver, generalmente besa el trasero de quien le patea"**

...

# 10. Una herramienta infalible: tu arbolito interior

Las personas somos como árboles, podemos tener raíces fuertes y frutos abundantes o estar secos con las raíces fuera, mal agarrados y con la copa medio muerta. Tu árbol interior es tu responsabilidad y ha de ser tu prioridad.

Un árbol sano se arraiga bien al suelo, está en sí mismo y no se arranca para complacer a otros árboles vecinos. Sabe lo que quiere, su estabilidad le permite alimentarse bien y su arraigamiento favorece su sostén.

Cuando dejas de lado tus emociones arrancas tu árbol. Muchas veces nos rompemos en mil trozos para que otros se mantengan enteros. Vamos por ahí buscando amor y complacencia a costa de nosotros mismos, somos capaces de autoabandonarnos hasta romper las raíces de nuestra vida por miedo a la pérdida de alguien. Dejamos de regar nuestro árbol para regar los de otros, olvidamos dar energía a nuestra esencia para darle a la de otros, muchas veces con el fin de que ese "otro" nos de las migajas de amor y atención que mendigamos.

...

Deja de poner tu bienestar al servicio de otra persona, circunstancia o cosa; no dejes la responsabilidad de tu vida en manos de otro. Sube tus niveles de autoestima, coloca tu responsabilidad y crecimiento personal donde debe estar: en tus propias manos. Date la vuelta, mírate a ti mismo de cerca, date luz y alegría, riégate y date energía. Y si tienes dudas, sé fiel a ti mismo, a nadie más.

...

Mírate al espejo por las mañanas y ofrécete una comunicación que te nutra, date los buenos días, dite:

"Te quiero", estoy contigo, está bien ser tú, eres un ser valioso"

Respeta tus emociones y necesidades, acompáñate en el camino, sé tu mejor amigo, hazlo para que tu arbolito genere los frutos potenciales que puede dar.

Un árbol se planta, se riega, se nutre de tierra, se arraiga firme al suelo; necesita seguridad para crecer, sol para florecer, amor para dar frutos. Tú eres como ese árbol: un día te plantaron, te regaron todo lo que pudieron, te dieron la seguridad que supieron, te llevaron a jugar con otros niños bajo el sol y te dieron el amor que tenían como sabían dártelo.

Cuando eres pequeño, tu responsabilidad la tienen otros, durante ese proceso te dieron todo lo que pudieron, supieron o tuvieron. Pero de mayor ya no te sirve la excusa de aquello, de mayor te sirve crecer y darte a ti mismo lo que necesitas, hazte como buenamente puedas.

**Ésta es tu responsabilidad: tomar lo que te dieron, dar las gracias por ello, dejar de lado lo que no te sirvió y buscar aquello que necesitas, aquello que no te dieron pero te hizo falta.**

Es tu cometido y misión vital para construirte y hacer del tuyo un árbol fuerte con buenos frutos.

La metáfora del árbol interior remite a la representación del niño interior. Algunos son los autores que hablan de la importancia del niño interior: Louise L. Hay, John Bradshaw o la Doctora Margaret Paul. El niño interior sanado es base de una vida sana; la forma en la que te relacionas con el mundo está determinada por la forma en la que te relacionas contigo mismo. Mejora tu relación contigo mismo, reconcíliate contigo y ve cambiar tus relaciones y tu mundo para bien. Tu arbolito o niño interior tiene la llave.

Recomiendo que experimentes por ti mismo. Imagínate qué puede estar diciéndose a sí misma una persona que tiene depresión, estrés o cualquier tipo de malestar. Imagínate, en cambio, qué puede estar diciéndose a sí misma una persona que siente paz interior.

...

Las circunstancias externas son irrelevantes, hay millonarios con depresión y personas en la más absoluta pobreza con una sensación de felicidad y paz que desbordan. Personas que remontan un divorcio al año y otras que se anclan en su tristeza décadas. Dos personas ante la misma vivencia poseen discursos interiores distintos, diferentes formas de interpretar su vida. Mientras la primera ve lo negativo, la segunda vive con aceptación la nueva experiencia, una siente estrés y la otra paz, ¿ves la diferencia?

...

Presta atención a lo que te sucede y a lo que te dices a ti mismo sobre lo que te sucede. Lo que yo me digo es lo que le digo a mi niño interior, la forma en la que me trato a mí mismo es la forma en la que trato a mi niño interior, el nivel de severidad que tengo conmigo mismo es cuán severo soy con mi niño interior. El nivel de amor que me ofrezco a mí mismo es el nivel de amor que ofrezco a mi niño interior. Date todo el que puedas.

...

A tu niño interior debes escucharlo, amarlo, quererlo, ofrecerle sostén y atención. Saber cuáles son las necesidades de tu niño interior te ayuda a darte lo que necesitas a cada momento y dejar de ser esclavo de otros.

Puedes ver a mucha gente quejándose o culpando. No obstante, lo que realmente sucede es que interiormente se vampirizan, no se nutren, no se dan, se hablan con desprecio, se quitan su propio poder, se culpan constantemente.

Suelta el mar de negatividad y ábrete a la vida, a escuchar al pequeño que llevas dentro.

Haz el ejercicio de escuchar a tu pequeño. Relájate, respira profundamente, date estos minutos para ti...

Escucha a tu niño interior...

...

...

¿Lo escuchas?

...

¿Qué dice?

...

___________________________________________

___________________________________________

___________________________________________

Sé honesto contigo mismo, la respuesta es para ti. Necesitas que tu niño interior sea tu aliado y una buena forma de comenzar a serlo es escuchándolo, sabiendo qué te dice. Ámalo, Ámate.

Cuando tu niño interior es tu aliado, puedes comerte el mundo porque vives alineado con tu auténtico SER. Trátate con amor para que tu conexión interior sea un hecho. Puedes hacerlo ya, no necesitas esperar a que te duela más. Sé consciente de lo que te sucede para que tu vida vaya bien. Perdónate y elabora un nuevo discurso interior, más positivo y compasivo.

Flexibiliza la rigidez mental y los paradigmas aprendidos. Sé el junco que se adapta a las fuertes rachas de viento frente al duro y rígido roble que se quiebra ante la tempestad.

Haz un ejercicio de perdón y autoperdón. Suelta la rigidez y la resistencia, el perdón es la clave de toda transformación, todo crecimiento y todo soltar para poder volar de verdad.

**Soltar lo que ya no te sirve abre la puerta y deja el espacio para que entre a tu vida todo aquello que anhelas**

Hagamos un ejercicio para ayudarte, tómate tu tiempo para hacer esta actividad:

Busca un lugar donde puedas estar cómodo sin que nadie te moleste...

Túmbate o siéntate...

Haz algunas respiraciones profundas...

Pon tus manos apoyadas suavemente en tu bajo vientre...

...

Lleva lentamente a ese lugar tu respiración...

Respira despacio, lentamente...

Con respiración abdominal...

...

Lleva tu atención a esa zona de bajo vientre...

Localiza ahí tu escucha e intenta ver al niño interior que llevas dentro...

Ese niño pequeñito que guardas con recelo. Contacta poquito a poco con él...

Recuerda que somos como muñecas rusas, dentro de nosotros albergamos al niño que fuimos, también al adolescente, al joven, así como a todas aquellas personas que fuimos en cada momento de nuestra vida.

Tienes a tu alcance toda la información que necesitas para ayudarte desde el más profundo respeto.

Ve ahí, junto a él...

Sin prisas, con suavidad...

Sigue respirando...

Puedes, si así lo deseas, grabarte este texto con tus palabras, hacerlo con tu propia voz, con tranquilidad, pausadamente.

...

Mira a ese pequeño, acércate a él poco a poco...

Descubre qué dicen sus ojos...

Siente y escucha toda la información valiosa que tiene para darte...

Observa despacio y con atención qué ropita lleva puesta...

Qué edad tiene aproximadamente...

Qué muestra su rostro...

Míralo...

...

Acércate a esa niña o a ese niño con mucho cariño, sé consciente de que es alguien muy frágil que quizá haya estado muchos años sin ser escuchado ni atendido...

Probablemente haya una gran cantidad de información que quería darte y que, en algún momento, dejaste de escuchar...

Hazlo con mucho respeto y cariño, dale permiso para hablar si lo desea...

Puedes escribir si lo consideras oportuno:

___________________________________________

___________________________________________

___________________________________________

___________________________________________

___________________________________________

Sostén su tristeza, su enfado o cualquier emoción que aparezca...

Toma en cuenta sus emociones...

Respétalas en todo momento...

Puedes comenzar diciéndole:

"Hola pequeño...

...me gustaría hablar contigo, escucharte...tus sentimientos son importantes para mí:

¿Cómo te sientes?

...

Párate y escucha despacio, pausadamente...

Si te expresas y me dices qué es lo que te sucede me encantaría saberlo, te escucho...

Si me dices lo que necesitas puedo intentar dártelo y ayudarte a sentirte mejor...

Sé que hace mucho tiempo que no te escucho pero me gustaría conocer tus sentimientos porque eres muy importante para mí...

Hagámoslo despacio, demos tiempo para que responda...

Quizá tarde en hacerlo o quizá no, también puedes encontrarte con la situación de que no quiera responder, en cuyo caso puedes decirle con cariño:

"Entiendo que no quieras responderme, quizá estás enfadado. Sé que he estado mucho tiempo sin hacerte caso y ahora tú no quieres hablar. No importa, estaré aquí para cuando quieras hacerlo. He decidido que a partir de ahora vas a ser mi prioridad y te voy a cuidar como te mereces. Eres alguien muy valioso e importante. Soy consciente de que quizá no me crees porque no te he escuchado como necesitabas pero eso ya se acabó. Ahora te escucho..."

...

Date unos segundo para observar la carita de tu niño interior. Mira con atención si hay algún cambio en su rostro, si te mira, si existe un atisbo de acercamiento.

Observa si existe apertura para hablar contigo...

Pregúntale, a continuación, nuevas cosas que quieras saber, una tras otra, con calma, dale tiempo para responder. Recuerda que es un niño pequeño puede estar asustado, enfadado o triste y le cuesta responder:

-¿Qué tal estás?

...

-¿Cómo te sientes?

...

-¿Tienes algo que decirme?, para mí es muy importante. Te escucho.

...

Observa qué te muestra su rostro, sus palabras, sus silencios, su ropa, el lugar donde está, la etapa vital en la que ha aparecido, fíjate también en sus emociones y sentimientos...

-¿Te puedo ayudar de alguna manera?

...

_______________________________________________

_______________________________________________

_______________________________________________

_______________________________________________

-¿Puedo hacer algo para que te sientas mejor, más feliz?

...

_______________________________________________

_______________________________________________

_______________________________________________

_______________________________________________

-¿Qué te gustaría hacer ahora?

...

_______________________________________________

_______________________________________________

_______________________________________________

_______________________________________________

Si te responde y te es posible, haz con tu niño o niña eso que te dice, es un modo de sanar y de recomponer tu vínculo interior. Un modo de pasar juntos esa experiencia, un acompañamiento y conexión interior que te hará sentir expansión, plenitud, paz...

Y así, poco a poco, puedes ir acercándote con mucho respeto a tu lugar sagrado, a ese niño que se esconde en tus profundidades. Dale luz a ese ser tan valioso y protégelo, es lo único que realmente tienes en la vida. Es un vínculo maravilloso y sagrado que tienes la oportunidad y el deber de recomponer.

Tu niño interior es un tesoro, trátalo como se merece. Un niño siempre está a expensas de un adulto, no a la inversa, jamás lo olvides, sino sería un abuso.

...

Recordando el triangulo dramático de Karpman del que hablé anteriormente, la víctima de un acontecimiento siempre es el niño. Eres el acusador de ese niño cuando te juzgas, te culpas, te machacas, cuando te exiges, te impones cosas, etc.

Deja de hacer daño a ese niño, vuelve a conectar con el fluir de la energía vital del amor.

Fomenta tu vida, la vida de ese niño, la alegría, la ilusión, tu suelo, tus raíces y el equilibrio del arbolito que eres. Permítete que ese árbol crezca sano y fuerte.

Comprométete con él...

Tu mayor compromiso en la vida no es con nadie, sólo con el niño que llevas dentro. Sana a tu niño y sanarás tus relaciones, sana tu relación interior y sanará tu relación con tus propios hijos. El mayor regalo que puedes hacerle a tus hijos es sanarte como padre y como madre.

Quiero recordarte que todas las personas llevamos un niño interior herido, así como también una parte sana, un niño sano que te sirve de guía, de luz en el camino. Permite que esa parte sana colabore contigo para ayudarte a sanar tus heridas. Sé tu propio ayudador y utiliza la paciencia para sacar todo ese potencial para darle luz a tus sombras. Escucha al niño que llevas dentro, tiene información muy valiosa.

Todos nos hemos dañado, otros nos han dañado y también hemos dañado a otros. Las personas nos dañan y dañamos desde nuestras heridas, sólo desde ahí, desde nuestra inconsciencia. Somos seres frágiles, seres humanos y, como tales, nos equivocamos. Como seres humanos cometemos errores, está en la base de nuestro aprendizaje, así crecemos. Escúchate, ¿qué le dices a ese pequeño cuando cometes un error?

...

Todos fuimos pequeños algún día. Actualmente somos los restos de aquél niño herido que creció; el mayor regalo que le puedes hacer a tu niño interior es ayudarlo. Ayudar a sanarlo.

Si puedes conseguirlo, evitas que los demás carguen con tus carencias. No serán tus hijos, parejas, ni demás personas, el lugar donde deposites tus carencias y frustraciones. Quizá tuviste una mamá poco cariñosa o un papá muy estricto. Eso no es lo importante, lo importante es qué haces con ello cuando eres mayor.

**Si de pequeño te trataron mal no fue culpa tuya; si de mayor te tratas mal a ti mismo, sí es tu responsabilidad.**

No sirve de excusa tener 50, 60 o 70 años y seguir culpando a tus padres de tus traumas y carencias. Hicieron su trabajo lo mejor que supieron según sus conocimientos y su nivel de conciencia. No pudieron darte lo que no tuvieron, era imposible. No cometas el error de exigirles y pedirles cosas que, aunque creas lo contrario, no tenían para darte.

...

Cuando creces, eres tú mismo el que tienes el derecho y la obligación de trascender, perdonar, sanar heridas, convertirte en el adulto que has venido a ser, cuidando muy bien a tu niño interior, dándole lo que necesita, aunque eso suponga buscarlo fuera, de mayor.

Haciendo esto creces, dejas la culpa a un lado. Se trata de hacerte responsable de ti mismo, convirtiéndote en tu papá y tu mamá interior, dando las gracias a tus padres te haces grande. Puedes tomar lo que te dieron y dejar lo que no te sirvió, buscar fuera lo que te faltó y dejar la queja de lado. Crecer, de hecho, significa eso mismo: ser y hacerse responsable de uno mismo, darte aquello que necesitas pero que no te dieron en su momento.

...

Sin embargo, hay personas que siguen siendo unos eternos niños enfadados, crecen y siguen quejándose de lo que no les dieron, de la insuficiencia de lo que les dieron o de lo malo que les dieron, sin parar a tomar lo bueno que les dieron. Si te sientes identificado, sigues sin darte a ti mismo lo que no te dieron y, además, sigues perpetuando tu enfado y frustración.

Crecer significa madurar, hacerte cargo de ti, de tus heridas, ser muy amable contigo mismo, tratarte como mereces. Ser compasivo, darte aquello que no te dieron, darte amor. Tienes unos grandes tesoros dentro de ti, búscalos y los encontrarás.

La pregunta ahora es: ¿Dónde estás mirando?, ¿dónde miras en tu vida?

...

¿Estás mirando la carencia o estás mirando la abundancia?

...

**Allá donde miras pones tu foco, allá donde enfocas pones energía, allá donde pones energía crece.**

Toma conciencia de tu estado emocional y recuerda que muchas de las emociones que sientes, muchos de los pensamientos que piensas, son programados, no son tuyos realmente. Cuídate a ti mismo y ámate porque nadie lo puede hacer por ti, sólo tú puedes trascender tus heridas, escuchar a tu niño y darle lo que necesita. Tienes la capacidad y la obligación de llevar tu vida adelante. Sé que puedes hacerlo. Trascender tu cruzada emocional es soltar la dependencia emocional de raíz para poder ser libre haciendo aquello que has venido a hacer al mundo.

Todo esto se consigue utilizando un lenguaje consciente. Dentro de tu lenguaje interior, es importante observar qué le dices a ese niño sobre lo que es capaz o no de hacer.

...

Has trabajado muchísimo a lo largo de toda la trilogía, has trascendido grandes heridas. Ahora eres más consciente de tus auténticas capacidades, en este momento puedes cuidar de ti misma, amarte, ofrecerte aquello que necesitas. Tus auténticas habilidades y fortalezas son muchas, deja de decirle a esa niña que no puede o que no sabe, abandona la exigencia y suelta la impaciencia. El aprendizaje conlleva un tiempo y un proceso donde existe el fallo.

**MIRA LA GRANDEZA DE TU NIÑO INTERIOR, ES UN MAESTRO, ABRE BIEN LOS OJOS PARA APRENDER DE ÉL, DE ELLA**

Tienes un niño interior muy valioso, dale alas, escúchale, dale permiso para que se manifieste.

Veamos todo lo que tiene tu niño interior dentro de sí mismo:

Demuéstrate a ti mismo que puedes verte de verdad. Hablemos con él. Sumerjámonos en ti de nuevo. Respira profundamente antes de continuar...

Pegúntale a tu niño, sabe perfectamente cuál es la respuesta...

...

-Dime pequeño:

¿Qué cosas haces muy bien?...

¿Qué te encanta hacer?...

¿Qué disfrutas mucho haciendo?...

_______________________________________

_______________________________________

_______________________________________

_______________________________________

_______________________________________

_______________________________________

_______________________________________

_______________________________________

_______________________________________

Permite que hable ese niño, tiene mucha información valiosísima...

Si tienes buena comunicación con él sentirás que tu alma se va expandiendo, que cada vez te sientes mejor y más libre...

Cuando adquieres ese sentimiento interior, estás preparado para responder con propiedad a preguntas sobre el adulto que eres. Aprovecha para ello. Por ejemplo:

¿Qué te hace valioso?

_______________________________

_______________________________

_______________________________

_______________________________

_______________________________

-¿Qué cosas has conseguido por las que te sientes orgulloso?

_______________________________

_______________________________

_______________________________

_______________________________

-¿Qué cosas has superado y te han ayudado crecer como persona, convirtiéndote en la maravillosa persona que eres ahora?

_______________________________

_______________________________

_______________________________

Nutre tu espíritu interno. Ama a ese niño, dile todo lo que vale, coge una hoja de papel y escribe todas las cualidades positivas que tiene. Puedes comenzar aquí debajo:

_______________________________________________

_______________________________________________

_______________________________________________

_______________________________________________

Escribe todo aquello de lo que eres capaz. Párate y haz un barrido por tu vida completa, anota todo aquello que has superado. Estoy segura de que son muchísimas cosas y de que eres capaz de llevar a cabo el acto más amoroso que puedes hacer por ti mismo: ponerte en contacto con tu niño interior y abrazarlo, darle el amor que merece.

Es el acto más sagrado que puedes hacer contigo mismo, tratarte con amor, con compasión, perdonarte por cada error cometido.

Toma conciencia de cómo te habla "Chuky", esa voz macabra que te hace sufrir en tu cabeza, elimínala por completo. "Chuky" es la voz del ego herido y programado, es la voz del miedo, de la culpa, de la presión y la queja, etc.

Perdón por el calificativo, pero no se me ocurre uno más fiel a la realidad. Transforma el discurso de "Chuky" en el discurso del ser divino y compasivo que eres, en el del SER amoroso y sagrado que hay en ti.

Insisto, no importa lo que vivas ahí afuera, lo que importa es lo que te dices a ti mismo sobre lo que vives, sobre quién eres, lo que te sucede y sobre tus capacidades, de lo que eres capaz. Lo que importa es cómo abrazas a ese niño, lo cuidas y lo tratas. Es un niño que tiene heridas, quizá se siente sólo, tiene miedo a que lo abandonen, a la soledad. Quizá está asustado, no importa el motivo por el que sea, abrázalo, dale cariño, eres el único responsable de ese niño y es tu deber sostenerlo, amarlo, cuidarlo y honrarlo. Dale su lugar!

Míralo bien, es un niño precioso, mira sus ojitos, cuánto amor hay en ellos...

Eres una persona capaz con recursos ilimitados que ni siquiera conoces. Sostén a ese niño. Eres un SER infinito capaz de sostener y cuidar al niño que llevas dentro. El que siente miedo, ira y frustración es el niño; el adulto está a salvo, no necesita nada de nadie, es capaz de abrazarse y amarse. Eres muchísimo más grande de lo que piensas. Nada te limita, eres un SER sagrado y muy inteligente con recursos ilimitados. Recuérdalo siempre!

La trascendencia de los roles tóxicos parte de la escucha, atención y la sanación de tu niño interior. Es un pequeño amado, puro, sano, es alguien capaz de obrar milagros. Ámalo, ante todo quiérelo, permanece con él, escúchalo haga lo que haga.

Tienes un niño maravilloso dentro de ti, tienes un SER que espera mostrarse, que emana cariño, atención, luz, amor; tú tienes todo eso, todo eso está dentro de ti. Constrúyete una vida feliz, equilibrada y sana para ti, hazlo por ti, por el pequeño que llevas dentro y por la humanidad.

No importa lo que digan los demás de ti, lo que importa es qué te dices tú a ti mismo sobre ti. Desapégate de todo vínculo dañino, crea vínculos sanos, ofrécele este regalo a tu niño interior, tu atención y amor son las más grandes riquezas que puedes darle.

*"Lo que sabemos es una gota de agua, lo que ignoramos es el océano"*

**Isaac Newton**

Gracias querido lector por llegar hasta aquí. Has recorrido un largo e intenso camino, has aprendido, ahora eres un poco más grande, tienes herramientas nuevas.

Me siento muy orgullosa de ti, de tu intenso trabajo y de haberte acompañado a adquirir un nivel mayor de conciencia en este recorrido vital. La vida sigue, continúa, recoge ahora todos los aprendizajes y guárdalos a buen recaudo, tenlos a mano para sacarlos a cada momento que necesites.

Eres un SER valioso, con recursos ilimitados dentro de ti, deja ir tus lastres y permite que te acompañe, estoy contigo.

Pronto más conocimiento. La vida sigue.

*"La vida es como montar en bicicleta, para mantener el equilibrio tienes que seguir pedaleando"*

**Albert Einstein**

Te espero en www.coachingconanadejuan.com